ACTE II, SCÈNE XIV.

LA VENDÉENNE,

COMÉDIE EN DEUX ACTES, MÊLÉE DE COUPLETS,

Par M. Paul Duport,

Représentée pour la première fois à Paris, sur le théâtre du Gymnase-Dramatique, le 24 avril 1837.

PERSONNAGES.	*ACTEURS.*
FRESNAULT, commandant militaire en Bretagne	M. Monval.
MAZUEL, colonel	M. Davenne.
VICTOR, jeune aide de camp du Premier consul, parent de Joséphine	M. Rhozeville.
GULVIC, conscrit bas-breton	M. Sylvestre.
LE MARQUIS DE FAVEROLLES, oncle de Victor, maître des cérémonies à la Malmaison	M. Klein.
THOUIN, de la classe des sciences physiques de l'Institut, directeur des serres à la Malmaison	M. Blum.
Officiers des troupes cantonnées en Bretagne	
UN OFFICIER des guides consulaires	M. Bordier.
DUMOUTIER, huissier de service à la Malmaison	M. Dupuis.
JOSEPHINE, femme du Premier consul	Mme Wzanas.
MARIE, jeune Vendéenne	Mlle Rachel F.
GENEVIÈVE PICHE, sa tante	Mme Julienne.
Dames d'honneur de Joséphine.	

L'action se passe en 1804. Au premier acte, dans un village du Morbihan, près de Grandchamp, à quelques lieues de Vannes; au deuxième acte, à la Malmaison.

S'adresser pour la musique de cette pièce, et celle de tous les ouvrages qui composent le Répertoire du Gymnase-Dramatique, à M. Heissen, bibliothécaire et copiste au théâtre.

ACTE PREMIER.

Le théâtre représente une chaumière vendéenne. Porte au fond, ouvrant sur la campagne. Deux portes latérales. Ameublement grossier. Au fond, des fusils debout en faisceau. Sur le dernier plan, à droite, un âtre de campagne, où brûle un feu de bruyères. A côté, une table rustique.

SCENE PREMIERE.

FRESNAULT *et ensuite* MAZUEL.

FRESNAULT, *assis à la table, s'adressant à des officiers qui sortent.* C'est bien... c'est bien, messieurs... Dès que le colonel Mazuel sera de retour, qu'on ait soin de me l'envoyer. (*Seul.*) Je ne puis pas me sécher; un mauvais feu de bruyères. Quel pays que ce Morbihan! quelles routes! des haies... des ravins.... un océan de boue!.... heureusement nous ne sommes plus qu'à quelques lieues de Vannes. (*A Mazuel qui entre.*) Eh bien! colonel, ces enragés de paysans refusent-ils toujours des vivres pour nos soldats?.. pour les bleus, comme ils disent dans leur vieille haine?... Mille tonnerres! s'ils me forcent de faire un exemple...

MAZUEL. C'est inutile, commandant.... des Bas-Bretons! ils ont la tête dure... on les fusillerait... que ça ne leur ferait rien. J'ai déjà servi ici sous Brune, quand il a pacifié le pays, après le 18 brumaire... Je connais mes gaillards... aussi, quand ils m'ont juré que leur village était trop pauvre pour avoir des provisions : « Vrai, mes bonnes gens? leur ai-je dit d'un grand sang-froid... alors à quoi s'occupent tous les saints dont vous avez les images devant vos portes? ils ne vous protégent donc pas?... eh bien! pour leur apprendre, on va en faire un feu de joie général! » A ces mots, vous auriez vu toutes les cachettes s'ouvrir.. c'était à qui rachèterait son patron pour un pain et un quartier de lard fumé.

FRESNAULT. Quels êtres superstitieux!

MAZUEL. Ils ont du bon... le tout est de savoir les prendre.

FRESNAULT. J'aimerais mieux les laisser là... Ce Bonaparte... voilà une rude leçon qu'il me donne.

MAZUEL. Une leçon?..

FRESNAULT. Eh! oui, mon cher Mazuel... Croyez-vous que moi, Fresnault, qui ai fait avec lui toutes les campagnes d'Italie, il m'aurait choisi pour une expédition sans gloire... pour aller renforcer la garnison de Vannes, et en prendre le commandement, s'il n'y avait pas là-dessous une vengeance?.... Le fait est que dans le premier consul à vie je ne puis m'empêcher de voir celui qui n'était, il y a douze ans, que mon subordonné.... mon sous-lieutenant d'artillerie. Et un jour, à son château de la Malmaison, où j'avais dîné avec Lannes, Méhul, Isabey, Talma... il nous propose une partie de cheval-fondu : on accepte... lui, il saute très-bien sur le dos des autres; mais je m'aperçois que quand c'est aux autres à sauter sur le sien, ils passent tous à côté... O courtisans! me dis-je, est-ce là l'égalité républicaine? Et dès que vient mon tour, d'un bond je vous enfourche mon Bonaparte...

AIR *de Turenne.*

Il se redresse, et si les yeux, je pense,
Pouvaient tuer, j'étais mort sans retard...
Non, jamais roi dans toute sa puissance
N'a lancé de pareils regards!
Trente boulets, plutôt qu'un tel regard!
Je ne trouvai point de répliques;
Je vous l'avoue, il m'atterra;
Car je croyais lire dans ces yeux là
Le sort des libertés publiques.

Et ce fut, sans doute, pour me faire réfléchir sur celle que j'avais prise en particulier, que le lendemain il m'expédiait mon ordre de départ, ou plutôt mon billet d'enterrement dans cet infernal pays.

MAZUEL. Il ne vous y laissera pas toujours.

FRESNAULT. Je l'espère bien... grâce à sa femme, Joséphine... la bonté même; j'ai quelqu'un qui s'est chargé de la faire parler pour moi...

MAZUEL. Qui donc?

FRESNAULT. Son parent, ce jeune Victor.

MAZUEL. Ah! oui... un ci-devant, comme elle.

FRESNAULT. Et comme elle si généreux, si dévoué... autant que brave... Volontaire à dix-sept ans, il avait déjà pris un drapeau à Marengo, où Bonaparte le nomma son aide de camp sur le champ de bataille.. un étourdi, une tête folle, qui nous a passé à tous sur le corps... mais nous ne lui en voulons pas, parce que quand il s'agit de rendre service, il est toujours prêt.

SCENE II.

LES MÊMES, GULVIC.

GULVIC, *entrant.* Ouf! me voilà!

FRESNAULT. Qu'est-ce que c'est?

MAZUEL. Ah! c'est toi, Gulvic? (*A Fresnault.*) Un conscrit... un enfant du pays... et comme il connaît tous les chemins de traverse, je l'ai envoyé en avant, jusqu'à Grandchamp, voir s'il y avait des dépêches pour vous.

FRESNAULT. C'est juste. (*A Gulvic.*) Approche! Eh bien?

GULVIC, *présentant un papier couvert de boue.* Voilà la chose.

FRESNAULT. Comment, drôle, une dépêche dans cet état!

GULVIC. Oh! je vas vous dire, c'est qu'elle m'a glissé pendant que je m'agenouillais devant une procession que j'ai rencontrée sur la route; mais le dedans est bon tout de même.

FRESNAULT. Pékin!.. Je ne pourrai jamais me faire à de pareils soldats d'ordonnance. (*Ouvrant la dépêche.*) Ah! ah! c'est du major de la garnison de Vannes... (*La parcourant.*) Diable! diable!

MAZUEL. Que vous mande-t-il?

FRESNAULT, *lisant.* Ecoutez... « Mon » commandant, vous ne sauriez trop hâ-

» ter votre arrivée... le bruit se confirme
» que Georges Cadoudal est encore débar-
» qué sur nos côtes, où il n'avait pas re-
» paru depuis l'époque de la machine in-
» fernale. Tout me fait croire qu'il s'est
» dirigé sur Paris, où il se cache.... mais
» son nom seul a suffi pour mettre ici tout
» en rumeur... des groupes se forment sur
» la promenade publique de la Garenne, et
» on parle de délivrer par la force les pri-
» sonniers vendéens que la tolérance du
» premier consul avait soustraits depuis
» trois ans à la sévérité d'un conseil de
» guerre. Aussi j'ai cru, en vous attendant,
» devoir les mettre au secret... surtout le
» plus hardi, le plus influent d'entre eux;
» un fermier d'Auray, Guyomar. »

GULVIC, *laissant tomber son fusil.* Ah! sa pauvre fille... mamzelle Marie.

FRESNAULT, *se retournant.* Hein?

GULVIC. Rien.

FRESNAULT. Tu es resté là, à écouter!

GULVIC. On ne m'a pas dit de sortir.

FRESNAULT. Voilà comme ça comprend la discipline! c'est qu'il ne bouge pas encore. (*Levant sur lui une chaise.*) Drôle!

GULVIC, *très-tranquillement.* Pas sur le baptême, s'il vous plaît.

MAZUEL, *à Fresnault.* Commandant, c'est un bien bon guide.

FRESNAULT, *posant la chaise à terre.* Je vous entends... et tenez, vous qui êtes façonné à cette engeance-là, je vous donne carte blanche... pourvu que nous soyons en marche demain au point du jour.

MAZUEL. Il suffit.

FRESNAULT. Moi, je vais me jeter sur mon lit de camp, dans la grange voisine... ne fût-ce que pour ne plus voir des physionomies comme celle de cet imbécile-là.

MAZUEL, *riant.* Bah! commandant, vous finirez par en prendre votre parti.

FRESNAULT.

AIR *nouveau de M. Hormille.*

Non, là-dessus, pas moyen de le prendre.
En m'exilant dans ce pays de loups,
Ah! Bonaparte aura bien su m'apprendre
Qu'il ne faut pas affronter son courroux.
Aussi, mon cher, loin d'oser davantage
Lui résister, je veux, dès aujourd'hui,
Dans les combats redoubler de courage,
Pour avoir droit d'en manquer avec lui.

ENSEMBLE.

C'est le parti, je le vois, qu'il faut prendre,
En m'exilant dans ce pays, etc.

MAZUEL.

Sur ce pays, commandant, il faut prendre
Votre parti gaîment, ainsi que nous;
Il ne s'agit, après tout, que d'attendre;
Et le départ vous semblera plus doux.

GULVIC.

Mamzell' Marie et si bonne et si tendre!...
Son sort, hélas! semblait-il donc trop doux,
Depuis trois ans qu' sans vouloir le lui rendre,
On retenait son pèr' sous les verroux?

(*Fresnault rentre dans la chambre à droite.*)

SCENE III.

MAZUEL, GULVIC.

GULVIC, *à part.* Mamzelle Marie! ne plus voir son père!... ah! qu'elle doit souffrir!.... comme moi, de ne plus la voir.

MAZUEL, *s'asseyant à la table.* Il faut établir les postes... inspecter les bivouacs et donner l'ordre du commandant pour demain.

GULVIC. Pardon, excuse, mon colonel.

MAZUEL. Que veux-tu?

GULVIC. Vous demander une grande faveur.

MAZUEL. Laquelle?

GULVIC. De rester en sentinelle toute cette nuit.

MAZUEL. Plaît-il? quel excès de zèle!... toi, dernièrement encore, conscrit réfractaire; car tu n'as rejoint le drapeau que parce qu'on a envoyé des garnisaires dans ta famille.

GULVIC. Où ils dévoraient tout... ce qui m'a forcé d'avoir du dévouement... par économie.

MAZUEL. Et maintenant tu passes d'un extrême à l'autre.... vouloir faire cinq ou six factions de suite.

GULVIC. Toujours par économie... pour me trouver en avance quand nous serons à Vannes.

MAZUEL. Comment?

GULVIC. Oui, parce qu'alors, voyez-vous, on aurait beau me mettre de garde, je n'y tiendrais pas... je planterais là le poste.

MAZUEL, *se levant.* Au risque d'être fusillé.

GULVIC. Dam! ça ne revient qu'une fois, au lieu que la tentation de m'en aller, ça serait de tous les instans.

MAZUEL. Et pourquoi cette tentation?

GULVIC. Pourquoi? Est-ce que Vannes n'es pas à quatre lieues d'Auray.... de ma chaumière, du clocher de notre église?... Ah! revoir tout ça... revoir ma famille... notre bon curé... et puis...

(Il s'arrête.)

MAZUEL. Et puis?

GULVIC. Une personne...

MAZUEL. Je devine... (*lui tapant sur l'épaule*) mons Gulvic est un séducteur...

GULVIC. Moi, séducteur!

MAZUEL. Amoureux du moins.

GULVIC, *avec indignation.* De mamzelle Marie!..

MAZUEL. Ah !... elle s'appelle Marie.

GULVIC. Marie!... moi, l'aimer... Jésus! je serais donc fou!

MAZUEL. Est-ce que son rang...?

GULVIC. Oui, d'abord.... parce que son père, un de nos plus riches fermiers, avant...

(Il s'arrête.)

MAZUEL. Avant quoi?

GULVIC. Rien, rien... et puis elle!.. Ah! voilà surtout où est la différence... tant de qualités!... tous les dons du ciel!..... Qu'est-ce que je suis en comparaison? mais moins qu'un grain de sable... (*faisant claquer son ongle dans ses dents*) mais pas ça!.. Quand nous apprenions à lire ensemble, chez le curé, j'épelais encore, qu'elle savait déjà par cœur les psaumes, les cantiques.

AIR : *Simple soldat né d'obscurs laboureurs.*

Puis il fallait, le dimanche matin,
L'entendre alors les chanter à l'église.
S'rait-ce quelqu'ange, ou bien quelqu'séraphin?
Se demandait chacun avec surprise.
Oui, ce chant pieux produisait
Avec notre orgue une harmonie
Si touchante, qu'elle faisait
Mal de plaisir, tant qu'elle durait,
De r'gret, dès qu'elle était finie.

Et dans nos fêtes, dans nos processions, où elle marchait en tête des autres jeunesses... cette figure d'ange, sortant de ce long voile, et couronnée avec des roses blanches!... Ah! rien que de la voir, ça aurait fait aimer Dieu... Et ma pauvre mère, comme elle la soigna dans sa dernière maladie!... des journées entières qu'elle passait dans notre cabane... Oh! c'est qu'elle vous a un cœur, un courage, mamzelle Marie, un courage!.. faut savoir comment elle a, plus tard, mené la ferme de son père, consolé sa vieille tante, servi d'exemple aux métayers, remplacé enfin son pauvre père, depuis....

(Il s'arrête.)

MAZUEL. Depuis quoi?

GULVIC. Rien... Mais tenez, j'étouffe loin d'elle, j'ai besoin de sa présence, de sa vue... car voilà tout... l'apercevoir un instant... dans l'église... et puis, rester des heures en extase, ça me suffit... ce qu'elle m'inspire, c'est du respect, c'est de l'adoration... mais de l'amour... quand elle serait en âge de se marier... ah! ben oui... fi donc! je suis incapable de ça.

MAZUEL, *à part, en souriant.* L'amour platonique renouvelé des Grecs par un paysan bas-breton!... Le commandant a beau dire : il y a dans ces cœurs-là une énergie de sentiment comme de volonté!..

GULVIC. Eh bien, colonel?

MAZUEL. Eh bien, mon garçon... sois tranquille... Demain en arrivant à Vannes... je te promets un congé.

GULVIC. Et aujourd'hui ma faction... j'ai de la conscience, même envers la république; et puisque je lui dois mon temps... Je ne veux pas la voler.

MAZUEL. A la bonne heure. Justement on va relever le factionnaire à cette porte, c'est toi qui vas le remplacer.

GULVIC, *prenant un fusil dans le faisceau.* Merci, colonel... je vous revaudrai ça... Tenez, vous vous plaignez toujours de nos marécages... eh bien! demain, je vous mènerai par un petit chemin... où il y aura des pierres.

VOIX DE SOLDATS, *derrière le théâtre.* Vive Bonaparte!

MAZUEL. Ces cris... Serait-ce une alerte... quelque danger?

GULVIC. Du danger! alors, je prends mon poste.

(Il ouvre la porte du fond et s'y met en faction.)

MAZUEL, *regardant de la porte.* Eh! mais! ce jeune officier qu'on entoure... qui saute à bas de cheval... un aide de camp du premier consul.

VICTOR, *en dehors.* Le commandant est dans cette chaumière... merci... merci, camarades.

(Il entre.)

SCENE IV.

MAZUEL, VICTOR.

MAZUEL. Victor!

VICTOR. Ce cher Mazuel!

MAZUEL. Et qui vous amène parmi nous?

VICTOR. Une mission importante du premier consul pour les départemens de l'Ouest.

MAZUEL. Preuve d'une grande faveur, qui ne m'étonne pas au reste; car comme me le disait encore ce matin le commandant...

VICTOR. Ce brave Fresnault.

MAZUEL. Vous vous êtes tellement distingué à l'armée.

VICTOR. Moi!.. mais du tout. Pour s'y distinguer, il aurait fallu manquer de zèle et de courage, et, Dieu merci, je me perds dans la foule... Si Bonaparte m'a choisi, c'est sans doute en qualité de parent de sa femme... Vous ne vous figurez pas tous les avantages que me vaut ce titre-là.

MAZUEL. Elle est tellement aimée, Joséphine!

VICTOR.

AIR : *Quand l'Amour naquit à Cythère.*

Pas plus qu'elle n'a droit de l'être.
Sa bonté touche, et sa grâce séduit.
Son époux même y semble reconnaître
Le talisman du bonheur qui le suit.
Oui, s'il renverse des murailles,
Elle répare des malheurs ;
C'est lui qui gagne les batailles,
C'est elle qui gagne les cœurs.

Et puis Joséphine n'est-elle pas la grande protectrice, la providence universelle?... et vous sentez que d'être cousin de la providence...

MAZUEL. Oui, ça fait des amis.

VICTOR. Parbleu! il n'y a pas jusqu'à mon oncle...

MAZUEL. Du côté de votre mère?... l'ex-marquis de Faverolles, qui avait émigré.

VICTOR. Et qui ne me pardonnait pas alors de m'être enrôlé au service de la république... Eh bien! depuis sa radiation, me voyant si près du pouvoir, il s'est rappelé que j'étais son neveu. Il lui a repris pour moi une tendresse d'autant plus solide, qu'elle est basée sur un château et deux forêts que je lui ai fait rendre, sans compter la place de maître des cérémonies à la Malmaison... Aussi réforme complète dans ses idées... il ne jure plus que par la constitution consulaire... il voudrait se faire tuer pour elle... surtout maintenant qu'elle ne court plus le moindre danger.

MAZUEL. On ne parle donc plus de complots, comme il y a trois ans, quand Georges Cadoudal...

VICTOR. Georges!.. si fait, et on le dit même actuellement caché à Paris.

MAZUEL, *à lui-même*. C'est juste...comme cette dépêche l'annonçait.

VICTOR. Ce qui n'empêche pas qu'on ne s'y amuse... et en parcourant ces bals, ces fêtes, ces jardins publics, où la population se presse si joyeuse et si animée, je me dis : Ces gens-là me ressemblent, ils font trop de folies pour songer à la politique... ce serait double emploi.

MAZUEL. Oui : la politique... folie d'un autre genre.

VICTOR. Du genre ennuyeux... auquel vous ne devez guère échapper dans votre Bretagne, du moins à en juger par l'échantillon que je viens de voir.

MAZUEL. N'est-ce pas?... c'est un peu triste, un peu sombre?

VICTOR. Ma foi, je ne retranche de ça que les *un peu*... et j'en serais encore à regretter mon boulevart des Capucines, et le jardin Marbœuf, sans un gracieux épisode qui est venu, ce matin, égayer la monotonie de mon voyage.

MAZUEL. Comment?

VICTOR. L'apparition la plus pure, la plus idéale... vrai... à travers cet horizon de nuages, de rochers et de bruyères, ça me rappelait la poésie à la mode, celle d'Ossian.

MAZUEL. Ah! si les officiers de votre âge donnent dans le vaporeux!

VICTOR. C'est ridicule... je le sens bien... et pourtant vous-même à ma place.. Figurez-vous, je venais de traverser une espèce de torrent, de ruisseau débordé, du côté de Saint-Nolf, quand j'aperçois, à travers les saules, deux femmes : une vieille, et l'autre, seize ans à peine... je n'ai fait attention qu'à celle-là... Tant de candeur et de charme... quelque chose à la fois de naïf et d'inspiré... je la vois encore agenouillée sur le bord du torrent qui avait arrêté ses pas... Tandis que sa compagne, la vieille, cherchait vainement un moyen de le traverser, elle, ah! elle...

MAZUEL, *riant de son air d'enthousiasme.* La jeune?

VICTOR. Oui, les mains jointes, les yeux baignés de larmes, elle priait Dieu avec une ferveur... comme si, dans sa détresse, elle n'eût voulu chercher qu'en lui son unique espérance, qui devait être exaucée, qui le fut aussitôt... car déjà, comme un paladin du moyen âge, j'avais pris en croupe la belle éplorée, et je passais le ruisseau avec plus de lenteur que je n'en aurais mis seul, parce que... vous l'avouerai-je?... quoique ému de la piété, de la douleur de cette aimable enfant... ça n'empêche pas d'être homme et mauvais sujet! et lorsqu'en me retournant, je voyais du coin de l'œil se refléter dans l'eau un pied mignon, une jambe fine... ah! mon cher ami!.. mais c'était là une mauvaise pensée que j'ai combattue, que j'ai repoussée loin de moi, avec un héroïsme digne des Scipion, des Bayard!

MAZUEL, *riant.* Et des aides de camp de Bonaparte.

VICTOR. Riez, riez de ma vertu... elle n'en a pas moins eu sa récompense.

MAZUEL. Si tôt!

VICTOR. Non, non... pas comme vous l'entendez... je veux dire que j'aurais poussé jusqu'à Vannes, si, par bonheur, je n'eusse appris de ma jeune protégée que j'avais déjà fait deux lieues de trop, et que le commandant Fresnault était encore dans le voisinage de Grandchamp, en sorte que je suis revenu sur mes pas, bride abattue, pour lui apporter la dépêche que j'ai là pour lui.

MAZUEL. Une dépêche?

VICTOR. Du premier consul.

MAZUEL, *vivement*. Et il ne m'en dit rien!

VICTOR. Est-ce que je n'ai pas commencé par là?

MAZUEL. Eh! non... Donnez vite que je la porte au commandant.

VICTOR, *tirant plusieurs dépêches*. Attendez... non... celles-là pour Angers... pour Niort... Ah! voici.

MAZUEL, *prenant la dépêche*. Et croyez-moi... ne plaisantez pas avec les ordres de Bonaparte... S'il le savait...

VICTOR, *avec insouciance*. Bah! je lui conterais mon aventure.... et comme il adore tout ce qui est ossianique...

MAZUEL. Fiez-vous-y!.. du diable, si toutes les poésies du monde lui feraient pardonner le retard d'une ligne de sa prose...

(Il entre à droite, avec la dépêche.)

SCENE V.

VICTOR, *seul*.

Il a raison... une prose qui fait le sort de tant de millions d'hommes.... ça presse... aussi deux heures de halte, et puis à cheval de plus belle... Ah! néanmoins j'en veux au premier consul de cette fureur de nous lancer à franc étrier sur toutes les routes. Le moyen d'être observateur au grand galop... avec un lourd postillon à ses côtés... et quelquefois on y perd... moi, par exemple, ma rencontre de ce matin... certainement... comme étude... pas autre chose... cette jolie Vendéenne... jolie... Ah! mieux que ça; car dans les bals des Tuileries, parmi nos élégantes danseuses, toutes de gaze et de fleurs, rien qui ait jamais excité mon intérêt à l'égal de cette naïve enfant... parce qu'avec les coquettes on est sur ses gardes.

AIR *de l'Artiste*.

La raison sert d'égide
Contre leur art trompeur;
Mais rien n'est plus perfide,
Je crois, que la candeur.
Ma modeste bergère
Ignore ses appas,
Et sait d'autant mieux plaire,
Qu'elle n'y songe pas.

C'est qu'elle a des yeux si expressifs!.. un accent qui va droit à l'ame, parce qu'il en vient... Allons, allons... encore mon enthousiasme... une rechute... ça devient grave... d'autant plus que comme, à coup sûr, je ne la reverrai jamais... Hélas! non!.. et c'est bien dommage!

SCENE VI.

VICTOR, GULVIC, MARIE, GENEVIÈVE.

GULVIC, *tout hors de lui, ouvrant la porte et adossant son fusil à la muraille*. Vous, vous, mamzell' Marie!.. entrez ici... pour vous il n'y a consigne qui tienne...

GENEVIÈVE. Bon Gulvic!

VICTOR, *se retournant*. Que vois-je?

GENEVIÈVE, *apercevant Victor*. Ah! ma nièce... ce militaire qui a été si bon pour nous...

MARIE, *regardant Victor*. Lui!

VICTOR. Comment, ma jolie voyageuse, nous suivions la même route?

GULVIC. Eh quoi! mon officier, vous les avez déjà protégées?... merci... Ah bien!... vous allez continuer encore, pas vrai, pendant que vous y êtes? (*A Geneviève.*) Allons, mame Geneviève Piché, asseyez-vous là... vous qui êtes plus essoufflée que mamzelle Marie.

GENEVIÈVE, *s'asseyant*. Dam! elle a ses jambes de quinze ans... moi aussi, c'est vrai... mais comme voilà, depuis, une cinquantaine d'années qu'elles me servent...

GULVIC. Eh bien! reposez-vous ici une heure... C'est l'affaire d'un instant... et après si je peux vous servir...

(Il reprend son fusil.)

GENEVIÈVE. Tu nous quittes?

GULVIC, *reprenant son fusil*. Faut bien... ma faction... ce n'est pas tant la peur d'être puni... O Dieu! pour vous, mamzelle Marie... de la prison... j'en mangerais... une éternité... mais j'ai promis au colonel... c'est sacré... (*Remettant l'arme au bras, avec un flegme comiquement forcé.*) Je vais à mon poste.

SCENE VII.

VICTOR, MARIE, GENEVIÈVE.

VICTOR. En vérité... ma chère demoiselle, je n'aurais guère deviné tantôt que vous vous rendiez ici, au milieu de soldats en marche, du désordre d'un bivouac, vous qui semblez si faible, si timide.

MARIE. Timide!... on ne l'est plus quand il s'agit de son père.

VICTOR. Votre père ?

MARIE. Il est prisonnier.

VICTOR. O ciel! et pourquoi?

(Geneviève se lève avec inquiétude.)

MARIE. Pourquoi?

GENEVIÈVE, *bas à Marie qu'elle pousse du coude*. Prends garde.

VICTOR. Vous hésitez à me répondre.

MARIE. C'est que vous, officier de la république, vos opinions peut-être....

VICTOR. Ah! parlez, parlez sans défiance. Là où l'on voit des malheurs, honte à qui s'informerait des opinions.

MARIE. Vous entendez, ma tante... vous pouvez lui dire tout.

GENEVIÈVE. Alors conte-lui toi-même... toi qui as étudié chez M. le curé, tu expliqueras mieux...

MARIE. Eh bien! monsieur... Mon père, autrefois l'un des chefs de l'armée vendéenne, avait enfin posé les armes sous le consulat : et depuis, retiré dans sa ferme, il ne s'occupait que de son travail, de ses enfans, lorsque, il y a trois ans, une nuit... oh! je me la rappelle... quelqu'un frappe vivement à sa porte, en lui criant : « On me poursuit... on est sur mes traces... sauve-moi... » Cet homme, ce proscrit... c'était...

VICTOR. Georges Cadoudal, peut-être?

GENEVIÈVE. Hélas!

MARIE. Lui-même. Ah! mon père pouvait-il méconnaître sa voix, le trahir, lui refuser un asile, les moyens de gagner la côte et de s'y rembarquer? Je vous le demande, à la place de mon père, vous, vous, qu'auriez-vous fait?

VICTOR. Comme lui.

MARIE. J'en étais sûre.

GENEVIÈVE. Eh bien! monsieur, c'est pour ça qu'il fut arrêté par ces maudits bleus... (*Se reprenant.*) Ah! pardon! excuse! (*A Marie.*) Tiens, parle toi-même... t'as plus d'esprit.

MARIE. On l'accusa d'être le complice de Georges, d'avoir trempé dans un complot, un attentat aux jours du premier consul... Menacé long-temps d'un arrêt de mort... trop heureux d'avoir fini par être oublié dans les prisons de Vannes... nous l'empêchions de réclamer... car vos lois le condamnaient... il n'avait pour lui que son innocence.

VICTOR. Et vous, du moins, aviez-vous quelque parent pour appui?

MARIE, *serrant la main de Geneviève*. Ma bonne tante.

GENEVIÈVE. Laisse donc... c'est ben plutôt toi qui m'en as servi... Oui, monsieur, cette chérie du bon Dieu, elle n'avait pas treize ans alors.... une enfant, quoi... eh ben! elle a montré un caractère, un courage... Dire tout ce que nous lui devons...

MARIE. Nous ne devons rien qu'à Dieu... Quand il envoie une épreuve, il donne aussi des forces pour la supporter.

GENEVIÈVE. Ça, c'est tout de même vrai... à preuve que je n'étais plus d'âge à tenir la ferme ; elle se mit elle-même à la tête des travaux.... elle les dirigeait, s'en occupait toute la semaine, pendant que j'allais consoler son père, m'enfermer avec lui dans la prison.

MARIE. Dam! il fallait bien m'en priver, moi... je n'avais que le dimanche.

VICTOR. Que je vous plains!

MARIE. Encore si ça avait pu durer toujours... mais hier, hier!.. en arrivant à la prison...

GENEVIÈVE. Les portes fermées... défense de laisser entrer qui que ce soit.

MARIE. Pour être admises, nous dit-on, il vous faut un permis du nouveau commandant qu'on attend de Rennes, et qui est en route avec un régiment... En route!.. et s'il tardait!... notre père qui ne nous verrait plus... ses inquiétudes, son désespoir!..

GENEVIÈVE. Et puis, avec ça, mille bruits effrayans que des dames de notre connaissance avaient appris la veille, chez monseigneur l'évêque... une maison où tout se sait.

VICTOR. Quels bruits?

MARIE. On parlait de troubles, de complots, de Georges... Ce Georges qui nous a déjà été si funeste... Ah! monsieur... à ce nom, mon cœur se serrait, se glaçait d'effroi... car enfin, mon père, mon pauvre père que l'oubli seul a sauvé... (*Avec un accent de terreur.*) Songez donc... si on pense à lui...

VICTOR. Vous craindriez...

MARIE. Je crains tout dès que je ne le vois plus... et dans mes angoisses... « Venez, partons, ai-je dit à ma tante... allons chercher ce permis. Aurait-on le cœur de nous le refuser?

GENEVIÈVE. Une enfant et une vieille femme... on verra bien que nous ne conspirons pas.

VICTOR. Vous obtiendrez ce permis, je m'en charge... mais ce n'est pas assez. Vous ne pouvez demeurer livrée à une terreur perpétuelle, avoir sans cesse devant les yeux un arrêt de mort suspendu sur la tête de votre père... Vivre ainsi, c'est un supplice de toutes les heures. Il est temps d'y mettre un terme... il faut que votre père cesse enfin d'être au nombre des proscrits; il faut qu'il soit libre... Demandez sa grâce.

MARIE, *avec un élan de joie.* Sa grâce !.. Je pourrais... (*A Geneviève, d'un air de triomphe.*) Ah ! ma tante ! vous voyez bien !..

GENEVIÈVE. Marie! encore ton projet... mais ce serait tenter le ciel.

MARIE. Non, non, lui obéir.

VICTOR. Comment ?

MARIE.

AIR *de l'Angélus.*

Oui, j'en conviens, oui, cet espoir
Où votre bonté s'intéresse,
Déjà j'ai su le concevoir ;
Il me suit, m'occupe sans cesse;
C'est le rêve de ma tendresse.
Vingt fois mon cœur me conseilla,
Dans mes jours de douleur amère,
D'aller à Paris; car c'est là
Que l'on peut me rendre mon père.

Ah ! s'il ne s'y était pas refusé.

GENEVIÈVE. Dam ! toi qui n'as jamais quitté nos grèves, nos marais, qu'est-ce que tu deviendrais dans un pays lointain si différent du nôtre? Ce Paris, une ville qui est, dit-on, à elle seule, quasiment plus grande que toute notre Bretagne.... Et puis, comme dit ton père, il y a là des dangers.

MARIE. Oui, pour moi il les prévoit tous... il n'oublie que les siens .. mais cette nuit, monsieur, cette nuit même, je venais à peine de m'assoupir, quand il m'a semblé voir... oh ! oui, c'était elle... je l'ai bien reconnue.

VICTOR. Qui donc?

MARIE. Notre patronne, la bonne vierge d'Auray.

Même air que le précédent.

Je croyais encor l'invoquer ;
Vers moi soudain elle s'avance,
Et du doigt semble m'indiquer
Une ville inconnue, immense;
Un seul mot rompit le silence :
« Paris ! » et puis elle ajouta,
Comme en réponse à ma prière :
« Vas-y seule, à pied... car c'est là
» Que tu pourras sauver ton père. »

VICTOR. Ah ! que cette voix vienne d'en-haut ou de votre cœur, il faut l'en croire... et s'il est besoin de quelqu'un pour aider le ciel, me voilà, comptez sur moi.

MARIE. Sur vous ?

VICTOR. Ça vous étonne... vous n'avez peut-être pas confiance?..

MARIE. Ah! monsieur !

GENEVIÈVE. Elle ne se permettrait pas ça, ben sûr.

VICTOR, *gaîment.* Dites, dites... je ne m'en fâcherai pas... je conviens qu'avec mon air.... quand il s'agit de quelque chose de raisonnable et de grave... mais tant mieux, ça me changera.

GENEVIÈVE, *d'un ton de simplicité.* Mais, monsieur, à qui peut-on s'adresser à présent pour demander grâce ? il n'y a plus de rois.

VICTOR. Eh bien! mais est-ce qu'il n'y a pas un premier consul?

GENEVIÈVE. Ah! oui... un nommé Bonaparte. Comment! ce serait la même chose?

VICTOR. A peu près... (*A lui-même.*) Ça commence.... (*A Marie.*) Et tout terrible qu'il est, ça ne l'empêche pas d'avoir de l'humanité... quand il a le temps... et en ne vous laissant pas décourager par ses premières brusqueries...(*A lui-même.*)Oui, mais le moyen, pour elle, d'arriver en sa présence?.. tant d'obstacles, de lenteurs... (*A Marie.*) Non... un parti plus sûr... sa femme... Joséphine.

MARIE. Ah! oui, elle, monsieur... d'après tout ce qu'on en dit, j'aurais moins peur.

VICTOR. Surtout quand vous l'aurez vue... pas aux Tuileries pourtant... l'étiquette d'une cour nouvelle... et votre costume... ce titre de Vendéenne... non, à la Malmaison, dans ce parc, dans ces belles serres où elle aime tant à se promener seule... et afin de vous en faciliter l'accès, une lettre que je vous donnerai pour le digne vieillard qui les dirige, le bon, le respectable Thouin, qui trouvera le moyen de vous placer sur son chemin, à deux pas d'elle...

MARIE. De Joséphine?

VICTOR. Et alors, point d'embarras, de contrainte... ne cherchez point votre langage... soyez Vendéenne tout à votre aise: la noblesse de son cœur appréciera la franchise du vôtre... et n'importe le rang, ou le parti, jamais jusqu'à ce jour, infortune n'approcha d'elle sans revenir consolée.

MARIE, *avec transport.* Ah ! monsieur... (*Serrant les mains de Geneviève.*) Ma tante! quel espoir !..

GENEVIÈVE. Je ne dis pas non.

AIR *de Paris et le Village.*

V'là qu'ça commence à me gagner;
Et sans ces dangers d'la grand' ville,
Que j'voudrais, hélas ! t'épargner,
Je serais tout-à-fait tranquille.
Ah ! que ne puis-je seulement,
Quand il faut faire un tel voyage,
T'emprunter tes jamb's, mon enfant,
(*A part.*)
Ou bien te prêter mon visage!

SCENE VIII.

LES MÊMES, MAZUEL, *sortant de la porte à droite.*

MAZUEL, *allant à la porte du fond, des papiers à la main.* Holà! (*A Victor sans se retourner.*) Pardon, Victor... (*A un soldat qui paraît.*) Ces ordres à tous les chefs de bataillon et les capitaines. (*Redescendant la scène, à Victor.*) Le commandant est à vous tout-à-l'heure; il vous prie de l'excuser, attendu l'urgence des mesures prescrites par votre dépêche; sans cela, vous trouveriez qu'on en agit trop cavalièrement avec un aide de camp du premier consul.

VICTOR. Allons donc... des façons au bivouac!.. Qu'il ne se gêne pas.

MAZUEL. Si fait... il est désolé de vous avoir laissé si long-temps seul; et...(*Apercevant Marie.*) Ah! ah!.. (*Bas à Victor d'un air goguenard.*) Je conçois que vous ne vous plaigniez guère... la solitude n'était pas des plus rigoureuses... si c'est là votre manière de bivouaquer.

VICTOR, *bas.* Chut!.. ma rencontre de ce matin.

MAZUEL, *bas.* Pas possible... et déjà ici... moi qui avais la bonhomie de croire à votre poésie d'Ossian... Peste!.. du vaporeux comme ça!

VICTOR, *bas.* Chut donc... si vous saviez... (*Haut à Marie.*) Ne vous éloignez pas, mon enfant... au contraire... car je vais recourir pour vous à l'obligeance de cet ami, qui vous délivrera un permis, au nom du commandant.

MAZUEL. Rien de plus aisé... j'ai ses pouvoirs, et je vais...

(Il s'assied à la table.)

MARIE, *à Mazuel.* Tout de suite, monsieur, je vous en conjure.

MAZUEL. C'est donc bien pressé?

MARIE. Oh! oui.

MAZUEL. Et pour quel objet, ma belle enfant?

MARIE. Pour entrer dans la prison de Vannes.

MAZUEL, *surpris.* Dans la prison!.. diable!.. et auprès de qui, mademoiselle?

MARIE. Auprès du fermier Guyomar.

MAZUEL, *avec indécision.* Guyomar!... j'en suis fâché... mais ce Guyomar... c'est impossible.

MARIE *et* GENEVIÈVE. Impossible!

VICTOR. Et pourquoi donc?

MAZUEL. Pourquoi?.. pourquoi?.. vous ne connaissez donc pas la dépêche que vous venez d'apporter?

VICTOR. Non, sans doute.

MARIE, *vivement à Mazuel.* Ah! monsieur, quelque danger menacerait-il mon père?

GENEVIÈVE. Sainte Vierge!

MAZUEL, *se levant avec stupeur.* Votre père!.. comment, ce serait...

VICTOR. Eh! oui...

MAZUEL, *à Marie, d'un air ému.* Ah! mon enfant... oui, en effet, cela presse... et il n'y a difficulté qui tienne... je vais vous donner...

MARIE. Ah! je respire.

GENEVIÈVE. Et moi aussi... ça m'avait fait une secousse, que j'en tremble encore.

MAZUEL. C'est pour vous deux, n'est-ce pas?

MARIE. Non, monsieur, rien que pour ma tante.

GENEVIÈVE, *faisant la révérence à Mazuel.* Geneviève Piché, pour vous servir.

MAZUEL, *à Marie.* Quoi! vous n'allez pas aussi auprès de lui?.. en ce moment..... (*Avec expression.*) Vous feriez bien!

MARIE. Ah! si je pouvais... mais moi, ma route sera plus longue.

VICTOR, *à Mazuel.* Je vous conterai...

MAZUEL, *à Marie.* Attendez là... c'est l'affaire d'un instant.

(Il se rassied et écrit.)

MARIE, *à Geneviève.* Vous voyez, ma tante... tout nous réussit... Maintenant vous allez retourner près de mon père... vous aurez bien soin de lui, n'est-ce pas?.. vous ne le quitterez plus, tout le temps que durera mon absence.

GENEVIÈVE, *pleurant.* Ton absence... ah! Marie...

MARIE. Allons, allons, ma bonne tante, ne pleurez pas... si vous vous laissez aller à votre affliction, comment pourrez-vous consoler la sienne?.. Quand vous le verrez s'alarmer pour moi, rappelez-lui que je suis sous la main de Dieu... que je suis partie par ordre de la sainte Vierge d'Auray, et qu'il ne peut pas m'arriver de malheur.

GENEVIÈVE, *sanglotant.* Oui, ma nièce, sois tranquille... je ne pleurerai plus.

VICTOR, *très-attendri.* Ces adieux... on a beau être militaire...

MAZUEL, *qui s'est levé et rapproché, et qui a écouté la fin des paroles de Marie.* A qui le dites-vous? (*A part.*) Quand je pense... ah!.. (*Il passe la main sur son visage; haut à Marie.*) Tenez, mon enfant.

MARIE, *prenant le permis qu'il lui remet.* Merci, monsieur... (*A Geneviève.*) Prenez,

prenez vite..... maintenant embrassons-nous.

(Elles se jettent dans les bras l'une de l'autre.)

SCENE IX.

Les Mêmes, FRESNAULT, *sortant de la porte à droite.*

FRESNAULT. Mon cher Victor... enfin...

VICTOR, *allant à lui.* Le brave Fresnault!

(Ils se serrent la main.)

FRESNAULT. Avons-nous à causer !... quand je vais avoir dit encore un mot au colonel...Vous permettez?.. (*Geste de Victor.*) Décidément, Mazuel, j'y ai réfléchi... outre les officiers choisis par moi pour commander l'escorte, il faut que vous vous joigniez à l'expédition... ce n'est qu'entre vos mains que je puis confier l'ordre signé du premier consul, pour faire assembler sur-le-champ un conseil de guerre.

MARIE *et* GENEVIÈVE, *se séparant avec effroi.* Un conseil de guerre!

MAZUEL, *à Fresnault pour l'arrêter.* Commandant!

FRESNAULT, *sans le comprendre.* Non, vous dis-je, dans l'état d'effervescence momentanée du pays, ce n'est pas trop de toute votre expérience pour conduire jusqu'à Nantes, où il doit être jugé, un homme aussi dangereux que ce Guyomar.

VICTOR. Guyomar !

(Il reste anéanti, la tête appuyée sur une main.)

MARIE, *avec explosion.* Mon père!

GENEVIÈVE. Mon pauvre frère!

FRESNAULT, *qui se retourne, les apercevant.* Hein?

MARIE, *très-énergiquement à Geneviève.* Partez, partez, ma tante... ce ne sont pas des larmes qu'il faut, mais du courage.... vous près de lui!.. moi, partout où Dieu m'enverra pour le sauver!

(Elle l'entraîne vivement vers la porte du fond, puis, quand elle y arrive, s'arrêtant tout-à-coup elle s'agenouille pour recevoir sa bénédiction.)

GENEVIÈVE. Ma fille!

MAZUEL. Commandant, qu'avez-vous fait?

FRESNAULT. Sommes-nous à Charenton?

MAZUEL. Venez, suivez-moi... par pitié, pas un mot de plus.

(Pendant ces interlocutions, Marie s'est relevée, Geneviève est partie; Marie paraît murmurer une prière les yeux au ciel et les mains jointes. Mazuel, en entraînant Fresnault vers la porte du fond, s'arrête un instant à contempler Marie avec compassion. Fresnault fait un geste qui signifie : Décidément, ils sont tous fous! et sort avec Mazuel. Gulvic, qui s'est approché au moment où Marie rentrait, porte les armes aux deux officiers, et jette un regard d'inquiétude dans la chaumière.)

SCENE X.

VICTOR, MARIE.

VICTOR, *à part.* Cet ordre... je comprends maintenant... et il faut que ce soit moi qui l'aie apporté!..

MARIE, *reprenant sa fermeté.* Monsieur... monsieur... cette lettre que vous m'aviez promise pour pénétrer jusqu'à Joséphine.

VICTOR. Vous y pensez encore?

MARIE. Si j'y pense!.. mais vous n'avez donc pas entendu?

VICTOR. Que trop, hélas!.. Ma pauvre enfant, cette lettre, à quoi vous servirait-elle?.. vous n'avez plus le temps.

MARIE. Le temps!.. mais il en faut aussi pour assembler un conseil de guerre, pour qu'il entende, qu'il juge...

VICTOR. On juge si vite, quand le maître a parlé... on n'attend pas même l'heure de sa clémence.

MARIE. Ah!.. si ce devait être là le sort de mon pauvre père!.. condamné, fusillé dans la même nuit.

VICTOR. Mon cœur saigne en déchirant le vôtre... mais n'y aurait-il pas encore plus de barbarie à vous laisser entreprendre inutilement un si long voyage?.. quand peut-être, au retour... Non, votre place est ici, près de votre père... ne le quittez plus... il a besoin de vous.

MARIE. Mais ici, sa mort... sa mort infaillible!.. et là-bas du moins une espérance!..

VICTOR. Une illusion!

MARIE. N'importe... Dieu fera ce qu'il veut... moi, j'aurai fait mon devoir.

VICTOR. Rien ne peut donc vous retenir?

MARIE. La sainte Vierge m'a montré ma route... j'y marcherai.

VICTOR. Tant de persévérance et de foi! ma raison a beau y résister... malgré moi, elles m'imposent!.. Eh bien! suivez donc votre projet... je ne me sens plus la force de vous en détourner... Ah! sans cette mission qui m'appelle à Angers et à Niort, j'aurais pu moi-même... car voilà encore ce qui m'effraie... Comment irez-vous à Paris?.. plus de cent lieues à faire!.. une jeune fille!.. Mon Dieu, si j'osais... (*Avec hésitation.*) Ecoutez... vous avez de l'estime pour moi, n'est-il pas vrai?.. vous me regardez comme un ami?...

MARIE. Que le ciel m'envoie.

VICTOR. Prouvez-le-moi donc... ce peu d'or...

MARIE, *arrêtant sa main.* Ah! merci.

VICTOR. Vous me refusez?

MARIE. Non par orgueil... mais qu'en ferais-je?

VICTOR. Des guides, des voitures à prendre...

MARIE. La Vierge m'a dit : Va seule, et à pied!

VICTOR. Cent lieues à pied!.. quand vos forces seront déjà épuisées par l'incertitude, par les angoisses, y joindre une telle fatigue!..

MARIE. Sans cela, qui s'intéresserait à moi?... Demander la vie de son père, c'est tout simple, ce n'est pas un mérite... au lieu que si j'ai bien souffert, tant mieux... ça les touchera.

VICTOR, *avec admiration.* Et nous nous croyons du courage!.... Mais moi, dans votre entreprise, quelle sera donc ma part?

MARIE. Cette lettre...

VICTOR. Au bon Thouin... Oh! oui, sur-le-champ... Mais je voudrais plus encore... cet ordre fatal... je voudrais obtenir...

MARIE. Quoi donc?

VICTOR. Un sursis.

MARIE. Ah! s'il se pouvait!.. Vous espérez?..

VICTOR. Pourquoi non?.. Je sais bien que, dans ma position, la demande semblera étrange.... mais avec des amis, des compagnons d'armes!... Et, au bout du compte, quand je me compromettrais un peu... si c'est pour vous servir! Je dirai comme vous tout-à-l'heure : Tant mieux! au moins j'y aurai du mérite... D'ailleurs je ne vois pas d'autre moyen pour vous assurer le temps d'accomplir votre héroïque entreprise ; et il ne sera pas dit qu'en fait d'intrépidité un soldat de Bonaparte sera resté au-dessous d'une jeune enfant..... Comptez sur moi.

MARIE. Oh! si vous réussissez, quel bienfait! Au moins je partirais tranquille.

SCENE XI.

VICTOR, GULVIC, MARIE.

GULVIC, *entrant.* J'ai fait mes deux heures, enfin!...

VICTOR. Ah! mon ami, où est le commandant?

GULVIC. Avec les principaux officiers ; et je suis même chargé de vous prévenir qu'ils seront tous ici, dans un instant, pour avoir avec vous une conférence...

VICTOR. Dont je prévois l'objet. Mais ça ne peut pas être, ça ne sera pas... non, je m'y opposerai, je saurai bien l'empêcher... à tout prix... En attendant, écrivons ma lettre.

(Il s'assied à la table et écrit.)

GULVIC, *à Marie.* Mamzelle Marie, qu'aviez-vous donc tout-à-l'heure?.. une mine toute renversée... (*Mettant la main sur sa poitrine.*) J'en avais là un poids... Vous aurait-on fait de la peine? (*Regardant Victor.*) Pas cet officier, j'espère?

MARIE. Lui! le meilleur des hommes!..

GULVIC, *étonné.* Ah!.. (*A part.*) Merci pour les autres.... Cet éloge!... et ils causaient de bien près... (*Mettant sa main sur la poitrine.*) Ouf!.. un second poids...

VICTOR, *tout en écrivant, à Marie.* Ah! j'oubliais... Je vous donnerai mon adresse à Paris... Ne manquez pas de m'écrire en route... afin que, si j'arrive avant vous...

GULVIC. A Paris!... Vous, mamzelle?

MARIE. Sans doute.

GULVIC, *à part.* Ouf! troisième poids... le plus fort de tous.

MARIE, *se tournant vers la porte, à un bruit de voix dans le lointain.* Ce bruit... (*Elle regarde.*) Le commandant, les officiers.

VICTOR, *se levant.* Déjà!

MARIE. Ah! monsieur, si c'est de vous que dépend le sursis, ne vous rebutez pas, insistez bien...

VICTOR. N'y va-t-il pas de votre tranquillité?

GULVIC. Les voilà!

MARIE. Ah! le cœur me bat.

VICTOR. Vous ne pouvez être présente... mais allez... où donc?...

GULVIC. Là, mon officier.

(Il ouvre une porte à gauche de l'acteur).

VICTOR. Oh! oui... c'est très-bien..... conduis-la..... maintenant, achevons ma lettre.

SCENE XII.

VICTOR, *écrivant*, FRESNAULT, MAZUEL, PLUSIEURS OFFICIERS.

FRESNAULT, *à la cantonnade.* Qu'on se tienne prêt à monter à cheval, et dans une heure en route pour Vannes... (*Il descend en scène avec les officiers.*) En y arrivant, (*à un chef de bataillon*) vous, Lozier, vous ferez occuper par un tiers de l'escorte la porte du Sud-Est, celle qui donne sur le chemin de Nantes. (*A un capitaine.*) Vous, Maugeron, sur la promenade de la Garenne, avec une forte escouade que vous formerez en bataillon carré... quant à vous, Mazuel, à la tête du reste de vos hommes, vous irez, en vertu de cette dépêche, (*il tient la dépêche apportée par Victor*) extraire de sa prison l'accusé Guyomar; et de là, tous, sans débrider, jusqu'à Nantes... vingt-cinq lieues... vous y serez demain soir... Dans les vingt-quatre heures, le conseil de guerre entrera en séance, et il jugera sans désemparer.

VICTOR, *qui pliait sa lettre, se levant.* Que dites-vous, commandant?

FRESNAULT. Je dis... je dis ce qu'il y a dans l'ordre du premier consul.

VICTOR. Et vous voudriez l'exécuter avec cette rigueur?..

FRESNAULT. Eh! morbleu! croyez-vous que ce soit pour notre plaisir à nous autres?...

MAZUEL. Quant à moi, j'aimerais mieux me trouver en face de l'ennemi, un contre dix.

FRESNAULT. Je crois bien, vous n'êtes pas dégoûté.... mais comme on n'a pas le choix... qu'il y a un ordre...

VICTOR. Fresnault, je ne vous reconnais pas là... vous, un cœur d'or... le plus généreux, le plus indépendant de l'armée.

FRESNAULT. Indépendant! oui, je ne l'ai été que trop... sans ça, on ne m'aurait pas relégué ici, dont j'enrage.

VICTOR. Félicitez-vous-en plutôt, si c'est une occasion d'adoucir des mesures trop inhumaines... car vous y consentirez, j'en suis sûr.

FRESNAULT. Ah çà! qu'est-ce qui vous prend donc?... à qui en avez-vous?.. C'est lui qui nous apporte une mauvaise besogne, et il nous reproche ensuite de la faire.

VICTOR. Oh! si j'avais su...

FRESNAULT Voilà!... vous étiez un instrument dans la main de Bonaparte, nous de même... Sous le drapeau, est-ce que nos actions nous regardent?.... c'est à lui d'en rendre compte.

VICTOR. Et si on l'a trompé!

FRESNAULT. Dam! tant pis pour lui.

VICTOR. Mais les victimes de son erreur, pouvons-nous les voir sacrifier avec indifférence?... Ce Vendéen, ce Guyomar... il est prisonnier depuis trois ans : est-ce du fond de son cachot qu'il aura trempé dans la conspiration nouvelle, s'il y en a une? Qu'on l'eût frappé il y a trois ans, eh bien! la loi était là... mais aujourd'hui, messieurs, il n'est pas coupable du crime qui le fait traduire devant un tribunal..... Non, il n'est pas coupable... il ne peut pas l'être..... ce ne serait plus une exécution juridique, ce serait un meurtre odieux.

TOUS. Victor!

VICTOR. Et où l'envoyez-vous?... où va-t-on prendre ses juges? Ah! c'est bien là un calcul de Fouché, et la meilleure preuve pour moi que Bonaparte a signé sans avoir eu le temps de réfléchir... On envoie ce malheureux à Nantes... dans une ville encore tout agitée des passions révolutionnaires... une ville qui a été assiégée par les Vendéens, où ce titre est d'avance un arrêt de mort... et dans quel moment? quand s'est répandu partout le bruit du débarquement de Georges... quand les haines se sont réveillées avec les craintes; que dis-je! lorsqu'en face du péril, et par un faux point d'honneur, on prendra pour une lâcheté d'absoudre même l'innocence!

MAZUEL. Il a raison.

FRESNAULT. Oui... mais que faire?..... puisqu'il y a un ordre... et positif... (*il le donne à Victor.*) Voyez vous-même.

VICTOR. Eh bien! puisque j'en ai été le porteur, si je prends sous ma responsabilité de le suspendre?

FRESNAULT. Vous en êtes porteur, c'est vrai... mais ce n'est pas à vous que l'exécution en est confiée... et le choix même d'un tel messager ne prouve que trop l'importance qu'on y attache.... D'ailleurs oubliez-vous donc à qui nous avons affaire? au premier consul! à Bonaparte!

VICTOR. Oui, à Bonaparte, qui naguère encore, le lendemain d'une exécution funeste, se plaignait, j'en ai été témoin! se plaignait qu'on eût devancé son pardon... et d'ailleurs, puisque je prends tout sur moi.

FRESNAULT. Raison de plus pour que je me refuse à une témérité sans exemple.... En tout autre cas, mon cher Victor, disposez de moi... mais ce que vous demandez là est impossible... c'est contraire à tous les devoirs de la discipline... j'en prends ces messieurs pour juges.. Parlez, Mazuel.

MAZUEL. Je ne puis le nier...

FRESNAULT, *aux autres officiers.* Et vous?

LES OFFICIERS. Il est vrai.

FRESNAULT, *à Victor.* Vous voyez bien, nous sommes tous d'accord .. C'est impossible, vous dis-je... Du moment que je suis saisi de l'ordre, qu'il se trouve entre mes mains...

VICTOR. Entre vos mains! c'est donc là l'obstacle!

FRESNAULT. Parbleu!

VICTOR. Eh bien!

(Il déchire l'ordre et le jette dans le foyer.)

TOUS. Que faites-vous?

VICTOR, *se croisant les bras avec calme.* Vous n'avez plus d'ordre maintenant.

SCENE XIII.

LES MÊMES, MARIE, *accourant par la porte de gauche,* GULVIC, *par celle du fond.*

MARIE, *tombant presque aux pieds de Victor, d'un côté.* Ah! monsieur!

GULVIC, *se mettant à genoux de l'autre.* Mon officier!

MARIE. Comment m'acquitter jamais?

GULVIC. S'il vous faut un guide, moi!.. que ce soit moi.

FRESNAULT. Qu'est-ce que tout ça signifie?

VICTOR. Relevez-vous, mon enfant!.. j'ai fait ce que je pouvais, c'est à vous d'achever... songez que les heures sont comptées... Voici ma lettre... Allez... (*Il l'entraîne vers la porte du fond.*) Du moins, vous partez tranquille.

MARIE, *avec reconnaissance.* Oh! oui... et maintenant, mon Dieu! protége-moi!

(Elle se jette sur une de ses mains comme pour la baiser, il la retient, lui indique du doigt la route; pendant que Fresnault et les officiers regardent dans le plus grand étonnement.)

Tableau.— Le rideau tombe.

ACTE DEUXIÈME.

Le théâtre représente un riche salon de la Malmaison, ouvrant sur une serre. Portes latérales.

SCENE PREMIERE.

THOUIN, M. DE FAVEROLLES.

THOUIN. Comment, monsieur de Faverolles, encore une place outre celle que vous avez déjà à la Malmaison?

FAVEROLLES. Mais, mon cher monsieur Thouin, c'est un moyen de plus de servir le grand homme... ce grand homme que j'admire, que je chéris tant... qui a maintenu la république.

THOUIN. Oh! la république! ce n'est pas là ce qui doit vous charmer le plus... vous, un ancien marquis... un émigré.

FAVEROLLES. Par exemple, monsieur Thouin!... quelle supposition vous osez faire!.. Il y a de quoi me compromettre... surtout aujourd'hui, que la découverte d'un nouveau complot de Georges Cadoudal a redoublé la rigueur contre les opinions suspectes... c'est le moment de rendre les miennes d'autant plus pures, qu'elles ne l'ont pas toujours été. Car, c'est vrai... je fus aveugle... autrefois..... mais les victoires de Bonaparte m'ont ouvert les yeux... et puisqu'il tient à la république... puisqu'il s'est contenté de n'être que premier consul, d'abord pour dix ans, ensuite à vie, ce qui prouve qu'il y tient... je me dévoue à la constitution consulaire... elle est parfaite, immuable, impérissable... aussi je mourrais pour elle, et avec elle.

THOUIN. En vérité!

FAVEROLLES. C'est là mon premier devoir... surtout si j'ai ma seconde place... et je l'aurai... ne fût-ce qu'après le retour de mon neveu... parce que comme il est cousin de Joséphine... du côté paternel... malheureusement ce n'est pas le mien.... une erreur de la nature... mais n'importe!... parce que dans les familles tout doit être en commun... aussi ce cher Victor, je l'aime... j'ai pour lui un dévouement à toute épreuve...

SCENE II.

LES MÊMES, UN HUISSIER.

L'HUISSIER, *un billet à la main.* Cette lettre pour M. de Faverolles.

FAVEROLLES. Encore quelque pétition, je gage... Depuis que je suis près de Mme de Bonaparte, il m'en pleut. (*Ouvrant.*) Non, c'est de Victor.

THOUIN. De mon jeune ami?

FAVEROLLES. Et il est de retour ici à la Malmaison?.. Pourquoi tarde-t-il donc à venir et à se jeter dans mes bras, ce cher neveu?... Je suis d'une joie... (*Il se remet à lire, et tout-à-coup pousse un grand cri. A Thouin.*) Tenez, lisez... Ah! les jambes me manquent! je chancelle... (*Il tombe dans les bras de l'huissier, qui le soutient, puis s'adressant brusquement à l'huissier.*) Dumoutier, courez lui dire qu'il s'en aille... que je ne veux plus le voir... qu'il ne reparaisse jamais devant mes yeux...

THOUIN, *qui a jeté un coup d'œil sur la lettre.* Qu'ai-je lu?.... Pauvre garçon!.... Comment, vous le repousseriez parce qu'il s'est compromis?

FAVEROLLES. Si ce n'était que lui seul!.. mais moi donc, par contre-coup... c'està-dire pourtant... dans les familles, chacun pour soi... et du moment que je sépare ma cause de la sienne, que je refuse de le laisser entrer ici... (*A Thouin.*) Vous l'attesterez, n'est-ce pas ?

THOUIN. Je vous le promets. (*A l'huissier.*) Allez, Dumoutier, allez lui dire qu'il vienne pour moi, pour mon compte... c'est moi qui le recevrai.

(L'huissier sort.)

FAVEROLLES. Vous?...

THOUIN. C'est tout simple ; moi je ne suis pas de sa famille... et j'aurai beaucoup de plaisir à le voir.

FAVEROLLES. Quel égoïsme!... ça peut me faire un tort...

SCENE III.

THOUIN, VICTOR, FAVEROLLES.

L'HUISSIER, *qui conduit Victor, sans entrer.* Oui, monsieur, dans ce salon.

VICTOR, *serrant la main de Thouin.* Mon bon Thouin... (*A M. de Faverolles.*) Et vous, mon très-honoré oncle...

FAVEROLLES, *retirant sa main.* Ne me touchez pas, monsieur... ne m'adressez pas la parole...

VICTOR. Et pourquoi donc ?

FAVEROLLES. Pourquoi?... comme s'il ne le savait pas de reste, puisqu'il n'osait pas même entrer sans m'écrire!

VICTOR. Oh! ça, c'est la conséquence d'un petit raisonnement que j'ai fait : Si le premier consul, me suis-je dit, est déjà instruit de mon coup d'autorité (et depuis quinze jours, c'est assez probable...) son accueil ne serait peut-être pas des plus gracieux... Ne m'y exposons pas d'abord... allons tout droit à la plus puissante des intercessions, à celle de Joséphine; et pour cela, chargeons mon oncle d'aller lui demander, en mon nom, une audience.

THOUIN. En effet... excellent moyen!.. Monsieur de Faverolles, vous la trouverez près du grand bassin, jetant du pain à ses deux cygnes noirs..... allez-y sur-le-champ, et...

FAVEROLLES. Le ciel m'en préserve!... parler pour lui!..... un ingrat qui a pu manquer d'égards envers son oncle, au point de désobéir au premier consul...

THOUIN. Oui... c'est assez leste...

FAVEROLLES. Et, qui pis est... brûler l'ordre dont il était porteur... Le trait est d'une audace...

VICTOR, *riant.* N'est-ce pas?... ça devrait compter double, comme les campagnes.

FAVEROLLES. Et monsieur ose encore plaisanter, au lieu de se repentir bien humblement!

VICTOR. Me repentir!... moi qui recommencerais encore... et vous-même, mon oncle, m'approuverez plus que personne, quand vous saurez qu'il s'agissait de sauver la vie à un vétéran de votre ancien parti, à un proscrit vendéen.

FAVEROLLES. Plaît-il, monsieur?.. Apprenez que je ne connais qu'un parti, celui du premier consul... Il n'y a jamais eu rien de commun entre la Vendée et moi.

VICTOR, *bas à Thouin.* Sur les champs de bataille, c'est possible... (*Haut à son oncle.*) Mais quand je me rappelle les lettres de Londres, où vous me reprochiez de m'enrôler parmi les brigands, où, par tendresse pour moi, vous me plaigniez de ne pas m'être trouvé avec vos amis au désastre de Quiberon, à la déroute de...

FAVEROLLES. Assez, assez..... taisez-vous... ne me brouillez pas avec la république.

VICTOR. Ainsi, c'est un oncle qui refuse de me servir d'introducteur auprès d'une cousine ?

FAVEROLLES, *avec solennité.* Je refuse... et, fort de mes motifs, je ne crains pas que tu t'en plaignes devant tout le monde..... (*Transition.*) Tu me feras même plaisir.

VICTOR. Sont-ce là vos sentimens et les idées généreuses que vous faites sonner si haut?

FAVEROLLES. Mon neveu, mon neveu, le premier consul veut la république; mais il ne veut pas des idées.

GULVIC, *en dehors dans le lointain à la cantonnade.* Je vous dis que je vais rejoindre l'aide de camp du premier consul...

VICTOR. Ah! déjà Gulvic!

FAVEROLLES. Gulvic!

VICTOR. Un conscrit dont j'ai fait mon soldat d'ordonnance, que j'avais envoyé prendre mes lettres à Paris, un brave garçon que j'ai ramené de Vendée, où il m'a fidèlement servi de guide.

FAVEROLLES. Un Vendéen à la Malmaison!... il ne manquait plus que cela..... autant vaudrait y amener Cadoudal lui-même.

VICTOR. Cadoudal!... que voulez-vous dire?...

FAVEROLLES. Que c'est trop fort... que votre seule présence est contagieuse... et que je vais m'en purifier en surveillant l'ordonnance d'un grand dîner qu'on donne aujourd'hui au corps diplomatique.

(Il va pour sortir, au moment où Gulvic entre.)

SCENE IV.

LES MÊMES, GULVIC.

GULVIC. Pardon, monsieur.

FAVEROLLES, *le regardant.* Ah! l'horrible figure!

GULVIC. Plaît-il?

FAVEROLLES. Je ne vous parle pas.

GULVIC. Ah!... (*A Victor.*) Voilà vos lettres, mon officier.

VICTOR, *les prenant.* Merci, Gulvic.

FAVEROLLES. Comment, c'est là ce... (*Allant à Victor.*) Écoute, Victor... un dernier conseil... Ne t'avise pas de laisser voir à Mme de Bonaparte cette espèce de sauvage.

GULVIC. Hein?

FAVEROLLES. On ne vous parle pas.

GULVIC. Ah!

VICTOR, *lui faisant signe de se tenir à l'écart.* Gulvic! (*Gulvic s'éloigne aussitôt d'un air moitié soumis pour Victor, moitié grondeur pour Faverolles*). Ne pas le laisser voir... et pourquoi?

FAVEROLLES. Parce qu'elle est capable d'en faire une maladie d'épouvante.

VICTOR. Joséphine?...

FAVEROLLES. Avec ça qu'elle n'y est en ce moment que trop disposée... depuis qu'on ne parle ici que de complots... Un Vendéen, celui-là surtout, avec ses longs cheveux, ses yeux hagards... Oh! je m'en rapporte à M. Thouin.

THOUIN. Le fait est qu'il n'est pas beau.

GULVIC, *à part.* Me dévisagent-ils donc, comme une bête curieuse?.. Je n'ai pourtant rien de curieux.

(Jusqu'à la fin de la scène, il reste à grommeler entre ses dents.)

FAVEROLLES. Enfin, tu vois qu'on me trouve toujours dans le danger... Je t'ai donné un bon conseil.

THOUIN. Et moi, je vais agir...

VICTOR. Je vous reconnais bien là, mon digne Thouin!... vous aussi, mon oncle.

FAVEROLLES. Il n'y a pas de quoi. (*Regardant Gulvic.*) Il est affreux!

GULVIC. De quoi?

FAVEROLLES. On ne vous parle pas?

(Thouin sort par la gauche, Faverolles par le fond.)

SCENE V.

VICTOR, GULVIC.

GULVIC. Comment, mon officier, c'est là votre respectable oncle?

VICTOR. Lui-même.

GULVIC, *naïvement.* Ah! tant pis.... vous ne méritiez pas ça.

VICTOR. Voyons, mes lettres... Ah! du papier satiné... des parfums... C'est bon... j'ai le temps.

(Il les met dans sa poche.)

GULVIC. Mais il y en a encore une autre que je ne vous aurais pas remise devant du monde, parce que j'ai reconnu l'écriture.

VICTOR. Et de qui?

GULVIC. Vous ne devinez pas?

VICTOR. De Marie, peut-être? (*Gulvic lui fait un signe comiquement affirmatif.*) Donne vite.

GULVIC, *déboutonnant le devant de son uniforme.* Pardon... c'est que je l'ai mise là... ça fait du bien.

VICTOR. Pauvre Marie!... héroïne sans le savoir.

GULVIC. Oui; mais d'autres le savent. (*Tirant la lettre de son sein, et la tendant à Victor comme à regret*). Voilà, mon officier... (*Au moment où Victor avance le bras, il se dépêche de porter la lettre à ses lèvres*). Ah!... (*Il la baise à plusieurs reprises.*) Elle n'est pas parfumée, celle-là... (*La donnant à Victor.*) Ouf!

VICTOR, *regardant le timbre avec joie.* Timbrée!... (*Pendant qu'il la décachète.*) De Mortagne, à trente-quatre lieues de Paris. Elle a donc franchi déjà la plus longue et la plus rude partie de sa route!... Dieu soit loué!

GULVIC, *très-dévotement.* Amen.

VICTOR, *lisant.* « Monsieur, vous m'a-
» vez enjoint de vous écrire, et après ce
» que je vous dois, comment ne vous obéi-
» rais-je pas en tout? J'ai eu bien à souf-
» frir au commencement du voyage. Mes
» pieds saignans de la fatigue du jour,
» s'enflaient le soir; alors j'ai eu l'idée
» de marcher pieds nus.

GULVIC, *essuyant une larme.* Ses jolis pieds... si mignons.

VICTOR, *continuant.* « Mais cette souf-
» france-là, je l'offre à Dieu, pour mon
» pauvre père... ainsi que les humiliations
» que j'ai souvent à endurer; car, en me
» voyant seule, on semble me regarder
» avec mépris, comme une vagabonde...
» Une fois même, deux méchantes femmes
» m'ont dépouillée de ma croix d'or. »

GULVIC, *avec fureur.* Scélérates! brigandes!...

VICTOR, *continuant.* Après cela, j'ai
» eu aussi de bonnes rencontres, de braves
» paysans qui me donnaient l'hospitalité,

» ou qui me remettaient dans ma route.. »
» Que Dieu les récompense !

GULVIC, *d'un ton de conviction*. Oh ! ça..., il n'y manquera pas.

VICTOR, *continuant*. « Hier encore,.. un
» digne curé m'a vue frissonner et défaillir..
» Il m'a menée à sa vieille sœur... tous
» deux m'ont soignée comme une malade..
» Pour me garder, ils m'assuraient que
» je le suis... ils parlaient de fièvre, de
» délire.. Mais non, ce n'est pas pos-
» sible... J'ai résolu d'être à Paris dans
» cinq jours; et n'importe en quel état, il
» faut que j'y arrive, si Dieu le permet. »

GULVIC. Dans cinq jours !...

VICTOR. Cette date..,. Quel bonheur que j'aie pu la devancer !... elle n'arrivera que pour recevoir de mes mains le prix et la meilleure guérison de ses fatigues, cette grâce qu'elle venait solliciter...

GULVIC. Quoi ! mon officier... bien sûr?

VICTOR. J'en réponds... Dans l'entrevue que je vais avoir avec Joséphine, je plaiderai la cause de Marie avec la mienne.

AIR *de Téniers*.

Il me sera bien facile, je pense,
De les gagner toutes les deux,
En douter serait une offense
Pour ce cœur noble et généreux !
A Joséphine une telle prière
Offre un plaisir, et quand elle verra
L'occasion d'une bonne œuvre à faire,
C'est elle encore qui me remercîra.

GULVIC. Tiens! qui vient là-bas?

VICTOR, *à Gulvic*. C'est elle !... Laisse-nous... va m'attendre à la grille, au bout de l'avenue.

GULVIC. Oui, mon officier. (*S'arrêtant près de la porte du fond.*) Tiens !... est-ce drôle! elle se promène sans avoir de couronne en tête ni de sceptre à la main.

VICTOR, *qui se retourne*. Eh bien! va donc.

GULVIC. Tout de suite.

L'HUISSIER. Madame Bonaparte !...

SCENE VII.

VICTOR, JOSÉPHINE.

JOSÉPHINE, *entrant par la porte à gauche. A la cantonnade*. Veuillez m'attendre dans la galerie, et n'oubliez pas de faire commander les bateaux pour demain. Nous traverserons la rivière pour aller voir cette pauvre vieille Bernard, dont j'ai reçu la pétition... Une partie sur l'eau, et une bonne action, deux plaisirs à la fois... (*A l'huissier.*) Dumoutier, que personne ne me dérange, pas même Hortense.

(L'huissier s'incline et sort.)

VICTOR. Madame...

JOSÉPHINE. Thouin vient de m'apprendre votre arrivée, Victor... Vous demandez à me parler, m'a-t-il dit, et me voilà.

VICTOR. Combien je suis reconnaissant! Cette promptitude à m'accorder une audience, et cette précaution surtout d'en écarter les témoins...

JOSÉPHINE. Il le faut bien.,. Auparavant, je n'y aurais pas songé : je n'avais que des éloges à vous faire... mais aujourd'hui que ce sont des reproches...

VICTOR. Vous savez déjà, madame....

JOSÉPHINE. Je sais tout... Bonaparte a reçu un rapport sur votre conduite en Vendée... Ce n'est pas qu'il m'en ait parlé: connaissant tout l'intérêt que je vous portais, il aura sans doute craint de m'affliger d'avance... mais Duroc m'a prévenue en secret, et jugez de ma douleur en apprenant que mon parent, presque un second fils, car, après Eugène, c'était vous... qu'un aide de camp de mon mari, comblé de ses faveurs, était d'intelligence avec un des complices de nos ennemis!

VICTOR. Ah ! madame, soyez sûre qu'une erreur seule...

JOSÉPHINE, *avec force*. Je me trompe en effet, et vous avez raison de m'interrompre... ce ne sont pas là des ennemis... ce sont des assassins.

VICTOR. Des assassins!

JOSÉPHINE. Oui, monsieur, oui... tel est le nom qu'ils méritent... la haine des factieux contre Bonaparte ne se lasse pas plus que son dévouement pour la France... c'est là le prix de sa gloire et de ses bienfaits... L'autre jour encore, une embuscade, un enlèvement tenté sur sa personne, à deux pas d'ici, presque sous mes yeux, quand il revenait à la Malmaison, près de moi... près de sa femme !..

VICTOR. Il se pourrait !

JOSÉPHINE. Sous l'uniforme des guides consulaires, ils devaient se mêler à son escorte, s'emparer de lui, et le transporter en Angleterre... Bonaparte, le vainqueur d'Aboukir et de Marengo!.. Et quelle main les aposte, les soudoie?., celle de Georges, de ce Georges qui se retrouve toujours en France dès qu'il y a un danger pour mon mari. Ah! depuis cette découverte, il affecte en vain d'en rire; moi je n'existe, je ne respire plus... Dans cet éclat, que tant de femmes m'envient peut-être, je porte envie à la plus obscure d'entre elles... du moins, elle ne se dit pas chaque matin, au départ de l'homme qui lui est le plus cher au monde : « Le reverrai-je encore?.,. » Voilà pourtant mon sort, voilà toute ma vie... car qui sait?... dans ce moment, à l'heure où je vous parle, peut-être Georges s'est glissé à ses côtés... peut-être Georges le frappe.

VICTOR. Ah! ces alarmes, je les conçois, madame, je les partage... malheur à ceux qui les causent!.. Pourriez-vous douter de mon indignation contre eux?.. est-ce moi que vous soupçonneriez de les protéger?

JOSÉPHINE. Et cependant, monsieur, ce Vendéen que vous avez soustrait à la justice, n'était-ce pas un affidé de Georges?

VICTOR. Je ne puis le nier... mais, madame, quand je vous aurai confié mes motifs et mon excuse...

JOSÉPHINE. Pensez-vous que je les ignore?.. une jeune fille, n'est-ce pas? l'entraînement d'une séduction?

VICTOR, *avec chaleur*. Une séduction!.. ah! cette calomnie...

JOSÉPHINE. Assez, monsieur, assez.... n'affectez pas de prendre le change...Une faiblesse, réelle ou non, et qui songerait à vous en demander compte, à exiger d'un militaire de votre âge les vertus d'une élève de Mme Campan?.. Il n'est pas question de cela, vous le savez bien... mais oublier, trahir tous vos devoirs envers mon mari!.. empêcher l'exécution des mesures prises pour sa défense!.. oser anéantir de vos mains l'ordre qu'il vous a remis, un ordre signé du chef de l'état, de votre général!..

VICTOR. Oui, je l'avoue, c'est la plus grave des infractions à la discipline... mais plus je parais coupable, plus j'ai droit d'espérer en vous; car vous voyez bien, madame, que vous seule pouvez demander ma grâce...

JOSÉPHINE. Et le dois-je, monsieur?... Ah! sans doute Bonaparte se laisserait encore fléchir à mes prières... il y a déjà cédé tant de fois!.. Mais est-ce à moi, à sa femme d'abuser de sa clémence, de la tourner contre lui-même?..Vous parlez d'infraction à la discipline?,. ah! si vous n'aviez pas d'autre tort... que m'importerait à moi?.. La discipline!.. est-ce là un intérêt que je comprenne, qui m'eût empêchée d'élever déjà la voix en votre faveur?... mais la vie, la sûreté de mon mari, voilà ce que je dois comprendre, ce qui doit pour moi passer avant tout... et quand on les menace, quand je les vois sans cesse à la merci d'un chef de Vendéens, partout présent et invisible; je comprends que vous pardonner d'avoir sauvé un des partisans de cet homme, ce serait encourager, enhardir aussitôt quiconque les favorise! Ils se croiraient tous sûrs de l'impunité. Non, non, que personne désormais ne s'autorise d'un exemple donné dans ma famille pour chercher encore à les dérober à la loi!

VICTOR. C'en est fait, madame, je n'insiste plus... que le premier consul signe un ordre pour m'envoyer devant un conseil de guerre, qu'il me le confie même, s'il veut.,. il sera fidèlement exécuté, celui-là: je ne l'anéantirai pas!

JOSÉPHINE. De l'amertume, Victor!.. comme s'il ne m'en coûtait rien pour vous refuser.

VICTOR. Madame...

JOSÉPHINE. Silence, monsieur... écoutez-moi!.. Je ne saurais prendre votre défense... n'y comptez pas... tout ce que je puis faire... (car nous sommes parens; je m'en souviens, moi!) c'est d'ignorer que vous êtes venu ici... Eh bien! je ne le sais pas... je ne vous ai pas vu... pendant qu'on vous laisse encore libre, qu'il vous en reste encore le temps, éloignez-vous.... fuyez....

VICTOR. Moi fuir!

JOSÉPHINE. Vous n'avez pas d'autre parti, d'autre espoir... Cherchez un asile au fond de quelque province... soyez-y prudent... laissez-vous oublier!.. qu'on puisse ne pas vous découvrir... Allez, suivez ce conseil, c'est le dernier service d'une amie... et, croyez-moi, point de retard... vous n'avez pas un instant à perdre.... Adieu...

(Elle se dirige vers la galerie, et, près de la porte, se retourne, et fait à Victor signe de hâter sa fuite.

SCENE VII.

VICTOR, *qui reste comme abasourdi, après un silence.*

Diable! il paraît décidément que c'est plus sérieux que je ne croyais... L'avis de ma cousine pourrait bien être bon... Au premier abord, ce mot de fuite... ça sonne si mal, quand on n'en a pas l'habitude!... mais après tout, ce n'est pas devant l'ennemi que je fuirai; c'est devant mes camarades, des frères d'armes, qui, aujourd'hui que tout est monté au tragique, se croiraient peut-être obligés de me... Pauvres amis!.. je serais fâché de leur causer ce désagrément-là... Allons, allons, plus d'hésitation, de scrupule... une chaise de poste, des chevaux frais... et dans un quart d'heure...

SCENE VIII.

VICTOR, GULVIC.

GULVIC, *accourant par le fond.* La voilà, mon officier, la voilà.

VICTOR. Qui?

GULVIC. Mamzelle Marie.

VICTOR, *à part.* Ciel! dans quel moment!..

GULVIC. Elle est amenée par un de ces deux qui causaient là, avec vous... pas votre oncle... l'autre, le bon... regardez, il la soutient... il l'aide à marcher... car elle est si faible, si changée!..

VICTOR, *qui est allé regarder à la porte du fond.* En effet!.. sa pâleur, son abattement... (*Il redescend la scène.*) Ah! dans cet état, comment lui apprendre...!

SCENE IX.

LES MÊMES, THOUIN, MARIE.

ENSEMBLE.

AIR *de la Dernière pensée de Weber.*

MARIE, *qui entre soutenue par Thouin.*

Oui, du ciel la promesse
S'accomplit maintenant,
Qu'importe ma faiblesse,
Quand mon cœur est content?

THOUIN, *à Marie.*

Doucement. Qui vous presse?
Calmez-vous, mon enfant.
Plus d'effroi, de tristesse!
Le bonheur vous attend.

VICTOR, *à part.*

Son destin m'intéresse
Encor plus à présent;
Ménageons sa faiblesse,
Taisons-nous prudemment.

GULVIC, *à Marie.*

Ménagez vot' faiblesse,
Avancez doucement;
Plus d'effroi, de tristesse!
Tout va bien maintenant.

MARIE, *seule.*

Je suis donc arrivée!
De mon père en ce lieu
Si la vie est sauvée,
Je vous le dois, mon Dieu!

(*On reprend l'ensemble.*)

THOUIN, *qui l'a conduite près d'un fauteuil.* Là, là... un instant de repos.

MARIE. Ah!... j'en ai besoin.

GULVIC. Vous en aurez, mamzelle... et du bonheur aussi... Demandez plutôt à mon officier que voilà.

(Il lui montre Victor.)

MARIE. Lui!... mon sauveur!...

(Elle veut se lever.)

VICTOR, *à part.* Ah! ce nom... (*L'en empêchant.*) Restez, restez, chère Marie.

MARIE. Non... c'est à vos genoux.

(Elle essaie de se lever encore.)

VICTOR, *la retenant.* Restez, vous dis-je.

MARIE. Après votre dernier service... car j'ai su de Gulvic... vous venez de voir, pour moi, celle dont j'espérais tout. Vous avez la grâce de mon père.

VICTOR. Assez, assez... plus tard... nous en reparlerons. En ce moment, vos forces épuisées...

MARIE. N'en a-t-on pas toujours assez pour être heureuse?

VICTOR, *à part.* Sa confiance me fait un mal...

MARIE. Que j'étais ingrate!... je me plaignais à Dieu de ma lenteur... Ah! il sait mieux que nous ce qu'il nous faut... je n'aurais pas su parler comme vous, moi... peut-être m'eût-on refusée...et, je le sens... un refus... je n'y aurais pas résisté.

VICTOR, *à part.* Grand Dieu!

GULVIC. Refusée, vous!.. est-ce que ça se peut?

VICTOR, *bas à Thouin.* Je vous en conjure, emmenez-la.

THOUIN. C'est juste... des soins... quelques heures de sommeil... Venez, ma fille... suivez-moi.

MARIE, *se levant.* Quoi! même avant d'avoir remercié cette protectrice que je bénirai sans cesse?

THOUIN. Je vous ferai passer par l'allée des Tulipiers, où elle se promène.

VICTOR, *bas à Thouin.* Gardez-vous-en bien.

THOUIN, *étonné.* Hein?

VICTOR, *bas.* Chut!

MARIE, *qui a remarqué ce mouvement.* Quoi donc?

THOUIN, *avec embarras.* Rien, rien... il me dit seulement que... (*Regardant toujours les signes de Victor avant de parler.*) Le plus pressé, c'est de...

(Il veut lui prendre la main pour l'emmener.)

MARIE, *dégageant sa main.* Non, non... ces regards... cet air de trouble, de mystère... on me cache quelque chose.

GULVIC. Bah!

VICTOR, *à part.* Que faire?

MARIE. Ce n'est pas du danger pour mon père... Par pitié... au nom du ciel... oh! dites, dites-le-moi.

SCENE X.

Les Mêmes, UN OFFICIER, *entrant par le fond.*

L'OFFICIER, *à Victor.* Au nom du premier consul, je vous arrête.

TOUS. Grand Dieu!

L'OFFICIER. C'est à regret que j'exécute cet ordre... je dois vous retenir au château et ne vous laisser communiquer avec personne jusqu'à son retour des Tuileries.

VICTOR. Je vous suis.

THOUIN. Comment, comment?... qu'est-ce que ça signifie?

L'OFFICIER, *à Thouin.* Une malheureuse imprudence... un Vendéen qu'il voulait sauver.

MARIE. Mon père!... quoi!... c'est pour nous?

VICTOR. Ne songez pas à moi, Marie... ah! vous n'avez déjà que trop de chagrins... Thouin, je vous recommande cette pauvre enfant... ou plutôt je n'ai pas besoin de vous la recommander... (*A l'Officier.*) Marchons.

(Il suit l'Officier vers la porte à gauche.)

GULVIC. Je vous suis, mon officier.

(Il suit Victor. Au moment de sortir, Victor se retourne, jette un regard d'intérêt sur Marie, et passe. L'Officier et Gulvic passent après lui.)

SCENE XI.

MARIE, FAVEROLLES, *qui est arrivé par le fond, sur ce tableau*, THOUIN.

FAVEROLLES. Infortuné neveu! je lui avais bien dit... il n'a pas voulu me croire... il est resté!... et avec son sauvage encore!... un Vendéen!... dans le moment où on vient d'arrêter Georges Cadoudal.

MARIE, *à elle-même.* Georges!

THOUIN. Il est arrêté?

FAVEROLLES. De cette nuit... c'est la nouvelle du jour..... Tous les grands corps de l'état ont déjà, dit-on, voté des adresses au premier consul... j'ai la vue longue... Il se prépare de grands événemens... je ne sais pas trop lesquels; mais ils se préparent... (*A part.*) Et moi aussi.

MARIE. Si l'on est maître de Georges, qu'on l'interroge... qu'il nomme ses complices... on verra si mon père...

FAVEROLLES, *apercevant Marie.* Hein! qui est-ce qui parle de complices?... Une jeune fille!... sous ce costume!.. Qui êtes-vous, ma chère?

MARIE. Monsieur...

THOUIN. N'ayez pas peur, mon enfant.

FAVEROLLES. Monsieur Thouin, quelle est cette créature?

THOUIN, *passant près d'elle.* Ça ne regarde que moi... c'est mon secret.

FAVEROLLES. Eh bien!... si vous en avez beaucoup comme ça, je vous conseille de les tenir bien cachés... surtout à madame de Bonaparte.

THOUIN. A Joséphine! et pourquoi?

FAVEROLLES. Parce que tout-à-l'heure, en lisant la lettre de son mari, elle semblait émue, agitée....elle nous a fait à tous un geste gracieux... comme ça... qui signifie : Je veux être seule. (*Remontant la scène, les yeux sur le jardin.*) Et tenez, là-bas... voyez vous-même... cette préoccupation, cette rêverie. Elle se dirige à pas lents de ce côté.

MARIE. Joséphine!.. Ah! je lui parlerai...

FAVEROLLES. Lui parler!... par exemple!... monsieur Thouin, si vous prêtiez les mains... Au fait, ça ne regarde que vous, c'est convenu... moi, je m'en vais... et bien vite... ça me fait mal de voir des choses comme ça...

(Il sort par la galerie.)

SCENE XII.

MARIE, THOUIN.

MARIE. Joséphine! ah! elle m'écoutera, n'est-ce pas, monsieur?

THOUIN. Mon enfant... le moment n'est pas favorable... venez, il faut attendre encore.

MARIE. Attendre! et attendra-t-on pour mon père?

THOUIN. Mais songez donc!... dans l'état où vous êtes!.. vous le disiez tout-à-l'heure, un refus vous accablerait.

MARIE. Tout-à-l'heure... ah! quelle différence! ma force est revenue.

THOUIN. Et comment?

MARIE. Avec le danger.

THOUIN. Non, non... après ce qui s'est passé, quand Victor a échoué lui-même... vous ne pouvez rester ici.

MARIE. J'y resterai.

THOUIN. Mais...

MARIE. Qu'on appelle des valets, des gardes, qui l'on voudra... mais ici est tout notre sort, tout notre bonheur, la vie de mon père!.. je n'en sortirai qu'heureuse ou morte!

THOUIN. Eh bien!.. restez donc... quel qu'en soit le risque, du moins, nous l'affronterons ensemble.

MARIE, *très-vivement.* Non, non!.. pas avec vous... seule... moi seule.

THOUIN. Vous le voulez?

MARIE. Je vous en conjure.

THOUIN. Eh bien! restez donc... du courage.

(Il sort par la porte à droite de l'acteur.

SCENE XIII.

MARIE *seule.*

Oui, seule!.. que ce bon vieillard ne soit pas compromis pour moi, comme mon premier bienfaiteur..... O mon Dieu! mon Dieu! qu'ai-je donc fait pour que le malheur me suive ainsi partout?.. N'aurez-vous pas enfin pitié de moi?.. Ah! il en est temps... ce que j'éprouve (*touchant son front*) là... (*mettant la main sur son cœur*) et là!.. il me semble que je vais mourir... Oh! non, mon Dieu!.. pas jusqu'à ce que j'aie sauvé mon père... mon père!.. oui, cette idée!.. qu'elle me ranime et me soutienne!.. Courons vers Joséphine, hâtons-nous... je ne puis... (*Elle s'appuie sur un fauteuil au fond du théâtre.*) Mes genoux fléchissent... un nuage devant mes yeux... je me meurs!..

(Elle tombe évanouie au pied d'un fauteuil qui la masque.

SCENE XIV.

JOSÉPHINE, *entrant par le fond à pas lents,* MARIE, *évanouie.*

JOSÉPHINE, *une lettre à la main.* La couronne! le titre d'empereur qu'on lui offre, pour décourager ceux dont Georges n'était que l'émissaire... et il vient d'accepter!.. Ce soir, je dois le suivre aux Tuileries, où il veut qu'on me salue du nom d'impératrice... Je crois rêver... Depuis quatre ans notre élévation rapide, c'était comme un enchantement, une magie... mais ce dernier jeu de la fortune... il passe tous les autres.. moi couronnée impératrice!... (*Elle jette les yeux sur la lettre.*) « Et par le pape lui-même... qu'il mandera, dit-il, tout exprès de Rome!..» Cette solennité!.. hélas! une crainte vague... un souvenir d'enfant... Oh! j'ai honte d'être superstitieuse... et pourtant, moi, une femme.... il l'est bien, lui le plus grand des hommes!.. car souvent, je l'ai vu sourire d'une joie secrète, quand je lui racontais qu'à la Martinique une vieille esclave m'annonça qu'un jour je monterais sur un trône... il semblait se dire: Cette prophétie, je la réaliserai! Et en effet le trône... j'y touche, m'y voilà.... Mais, ce qu'il ignore... elle ajouta, cette femme: « Vous en descendrez! » S'il était vrai... si la seconde moitié de la prédiction devait s'accomplir comme l'autre!.. Peut-être les factieux poussés au désespoir... Comme il tarde à venir... il devait suivre de près son message... Ah! ma tendresse me fait payer bien cher les honneurs que je partage avec lui... Eh! mais, n'entends-je pas...

MARIE, *revenant à elle par degrés.* Où suis-je donc?

JOSÉPHINE. Oui, des acclamations!.. on bat aux champs!..

MARIE, *apercevant Joséphine.* Ah! je me rappelle..... oui, oui, celle que je cherchais.... c'est elle.... la voilà...

(Elle se relève avec effort.)

JOSÉPHINE. Ah! je respire!.. c'est sa voiture qui approche. . courons au-devant de lui... Oui, je veux l'attendre au bout de l'avenue... être la première à le recevoir, à le féliciter, lui le souverain de la France, mon empereur.

MARIE, *qui s'est traînée jusqu'à la porte.* Madame!

JOSÉPHINE, *reculant par un mouvement d'effroi.* Qu'est-ce?.. qui êtes-vous?.. que faites-vous là?

MARIE. Je vous attendais.

JOSÉPHINE. Et que me voulez-vous?

MARIE. Implorer votre compassion.

JOSÉPHINE. Malheureuse... et si jeune!.. Approchez... Ah! vous avez bien fait de venir à moi... et surtout dans cette journée!.. elle devait être marquée par des bienfaits.

MARIE. Accordez-moi donc le plus grand de tous... il ne dépend que de vous, madame.

JOSÉPHINE. Oh! oui, sur-le-champ.... votre vue seule m'intéresse... Mon Dieu! que je suis fâchée de ne pouvoir vous entendre!.. Mais n'importe... entrez dans cette galerie, adressez-vous à une des dames qui s'y trouvent; dites-lui que vous venez de ma part et qu'elle vous donne... ah! tout ce que vous lui demanderez... allez... et moi...

(Fausse sortie.)

MARIE, *se jetant au-devant d'elle.* Non, non, ce n'est pas une autre qui peut m'entendre et me protéger à votre place.... il n'y a que vous, madame... que vous seule! vous ne me quitterez pas...

JOSÉPHINE. Me retenir ainsi, quand je suis attendue par mon mari, par le premier consul!

MARIE. Et c'est pour cela... je n'ai pas un instant à perdre, pour obtenir que vous lui demandiez grâce.

JOSÉPHINE. Quoi! c'est là le motif qui vous amène?.. Grâce! et pour qui?

MARIE, *tombant à genoux*. Pour mon père.

JOSÉPHINE, *la relevant*. Ah! pauvre enfant!... votre père!... je reste alors.... je vous écoute, parlez. . quel est-il?

MARIE. Oh! madame... quand je vous le nommerai, ne le jugez pas avec un esprit prévenu.

JOSÉPHINE. Comment?

MARIE. Si le ciel vous a élevée au-dessus de tous, que ce soit pour faire descendre également la clémence sur tous les malheureux.

JOSÉPHINE. Quel est-il donc? et pourquoi cette hésitation à me le nommer?

MARIE. Ah! ce n'est pas qu'il soit coupable au moins... mais quand on menace un jeune officier, dont le seul crime est de s'être intéressé à nous...

JOSÉPHINE. Qu'entends-je? ce serait le Vendéen que Victor...

MARIE. Hélas! oui, madame.

JOSÉPHINE. Un Vendéen!.. Je vous plains, jeune fille... mais je ne puis rien pour lui.

MARIE. Oh! ne me parlez pas ainsi.... dès qu'il y a du bien à faire, on dit que tout vous est facile, que c'est là votre part dans le pouvoir... n'y renoncez pas pour moi seule.

JOSÉPHINE. En toute autre circonstance... mais ici, pour votre demande, un devoir sacré m'interdit...

MARIE. Madame, daignez au moins m'entendre... ah! vous me l'avez promis tout-à-l'heure.

JOSÉPHINE. Non, non... ce serait vous donner un espoir trompeur... je ne le puis, ne m'arrêtez plus.

MARIE. Madame...

JOSÉPHINE. Laissez-moi, vous dis-je.

MARIE, *avec désespoir*. Eh bien! traînez-moi donc avec vous, madame... car je vous suivrai, fût-ce à deux genoux. (*Elle tombe à ses pieds.*) Je m'attache à votre robe... rien n'en pourra retirer mes mains, jusqu'à ce que vous m'ayez entendue.

JOSÉPHINE. Ah! c'est du délire... elle me fait peine... Voyons, ma pauvre enfant, essayez de vous calmer... revenez à la raison!.. Je ne vous en veux pas de cette violence... mon Dieu! je ne la conçois que trop... mais qu'y gagnerez-vous? que pourriez-vous me dire?

(Elle relève Marie.)

MARIE. Que mon père est innocent.

JOSÉPHINE, *d'un air d'incrédulité*. Lui!

MARIE, *avec force*. Il l'est, je le jure.

JOSÉPHINE. Oh! oui, vous, sa fille, vous le croyez, vous devez le croire... Eh bien! s'il est vrai, n'aura-t-il pas des juges?

MARIE. Ah! les apparences sont contre lui... la loi le condamne.. je le sais bien... aussi, madame, ce n'est pas justice que je demande... c'est grâce.

JOSÉPHINE. Et voilà ce qui est impossible.

MARIE. Impossible! Oh! non, non... ne vous hâtez pas de prononcer... non, pas encore!.. Songez donc, cette grâce, me la refuser en une minute, quand il m'a fallu tant de jours pour venir la chercher!.. Oui, madame, j'arrive d'Auray, du fond de la Bretagne... j'ai marché seule, pieds nus, pendant plus de cent lieues.

JOSÉPHINE. Il se pourrait!

MARIE, *avec la plus grande énergie*. Et plus d'une fois, quand je me sentais défaillir, quand je tombais de lassitude au bord de la route, que le désespoir s'emparait de moi, pour retrouver un peu de force, savez-vous à qui je pensais?.. à vous, madame, à votre bon cœur, dont tout le monde, en France, rend témoignage, et qui jusqu'ici ne fut jamais sourd à aucune prière... Je me disais : Elle ne sera pas moins miséricordieuse pour toi que pour tant d'autres... Allons, du courage... marche encore... marche, arrive seulement jusqu'à elle, et ton père est sauvé... M'y voilà, madame, je suis arrivée jusqu'à vous... à présent, pourrez-vous me dire : Va-t'en, va-t'en... retourne par le même chemin, pour aller voir mourir ton père?..

JOSÉPHINE, *très-attendrie*. Ce langage... jamais pareille émotion... j'accusais Victor... maintenant je lui pardonne.

MARIE, *qui l'observe avec anxiété*. Elle pleure... (*Avec un élan de ferveur.*) O mon Dieu! je te remercie!

SCENE XV.

LES MÊMES, FAVEROLLES, *ensuite* THOUIN, *et les* DAMES *de Joséphine*.

FAVEROLLES, *à Joséphine*. Pardon, madame, le premier consul descend de voiture, il se rend au grand salon... et il vous a déjà demandée... (*A part.*) Encore la petite!

JOSÉPHINE. Il suffit.... prévenez ces dames...

FAVEROLLES, *allant vers le fond.* Mesdames...

(Deux dames paraissent à la porte du jardin, Thouin les suit.)

JOSÉPHINE, *montrant Marie.* Qui d'entre vous a introduit ici cette jeune fille?

FAVEROLLES, *vivement.* Ce n'est pas moi. (*A part.*) Dieu m'en préserve!

THOUIN, *s'avançant.* C'est moi, madame.

FAVEROLLES, *à part.* Quel front!.. il va être tancé.

JOSÉPHINE, *allant à Thouin, avec effusion.* Bien!.. très-bien, Thouin.... ça ne m'étonne pas de vous... mais je vous en aime davantage.

FAVEROLLES, *stupéfait, à part.* Par exemple! Dieu! si j'avais su!..

JOSÉPHINE, *à Thouin.* C'est donc à vous que je la remets... qu'elle attende ici.... (*Aux dames.*) Venez, mesdames.

(Elle sort avec elles.)

FAVEROLLES. Achevons le reste de mon message.

(Il va ouvrir la porte à gauche.)

SCENE XVI.

MARIE, THOUIN.

THOUIN, *vivement à Marie.* Que vous a-t-elle promis?

MARIE. Rien.

THOUIN. Rien!

MARIE. Mais elle a pleuré.

SCENE XVII.

LES MÊMES, FAVEROLLES, VICTOR, GULVIC, L'OFFICIER, *sortant de la porte à gauche.*

FAVEROLLES, *à Victor.* Viens, mon pauvre garçon, par ordre du premier consul... car je me vois dans le cas de renouveler le patriotisme de Brutus... — « Allez, Fa- » verolles, m'a-t-il dit, allez chercher vo- » tre neveu... je lui dois une forte leçon. »

VICTOR. J'y suis préparé.

MARIE. Hélas!

FAVEROLLES. Et comme je m'inclinais avec respect, en disant : Citoyen premier consul... Il a cru sans doute que je voulais prendre ta défense : — « Paix! s'est-il écrié, » toutes les instances seraient vaines... » point de pardon pour quiconque se trou- » vera mêlé, n'importe comment, dans » cette odieuse affaire de Georges. »

TOUS. O ciel!

FAVEROLLES. Et ça se conçoit... Elle a causé tant de frayeur!... au point qu'on annonce déjà dans *notre immuable* constitution de nouveaux changemens votés par le sénat *conservateur*... mais c'est égal, pourvu que le fond reste : la république et Bonaparte premier consul... je ne sors pas de là, moi.

MARIE. Point de pardon!... n'aurai-je donc eu un moment d'espoir que pour le perdre sitôt?

GULVIC, *qui s'est approché d'elle.* Non, mamzelle... le bon Dieu est si bon!...

FAVEROLLES. Allons, allons, Victor.

VICTOR. Adieu, Marie... quelque sort qui m'attende, mes plus cuisans regrets ne seront pas pour moi.

(Il remonte avec l'officier vers la porte du fond.)

FAVEROLLES, *à Gulvic qui remonte aussi.* Où vas-tu, toi?

GULVIC. Suivre mon officier.

FAVEROLLES, *indigné.* Devant le premier consul!... c'est qu'il le ferait, le sauvage... veux-tu... veux-tu bien?

Ils vont pour sortir, Joséphine paraît.

SCENE XVIII.

LES MÊMES, JOSÉPHINE.

JOSÉPHINE. Restez, Victor... (*A Marie.*) Et vous, mon enfant.

VICTOR, THOUIN *et* MARIE. Ah! madame!

JOSÉPHINE. J'ai voulu me donner la joie de vous consoler moi-même... je me suis échappée pendant l'arrivée des ambassadeurs, qui viennent rendre hommage à Napoléon Ier.

(Surprise de Victor et de Thouin.)

FAVEROLLES. Quoi! le premier consul...

JOSÉPHINE. Est proclamé empereur des Français.

FAVEROLLES, *à part.* Ah! diable! (*Haut.*) Mes vœux sont comblés... Vive l'empereur!

JOSÉPHINE, *à Victor et à Marie.* Et c'est là ce qui m'a servi pour désarmer ses refus... j'ai fait valoir à ses yeux combien il était digne de lui qu'un acte de clémence fût le premier de sa souveraineté... « Ruse » de femme, m'a-t-il dit... mais tu as rai- » son... eh bien! j'y consens, j'accorde la » grâce. »

TOUS. Ah!

JOSÉPHINE. « Et puisque je dois punir » Victor... un exil... pour porter ce nouvel » ordre.... mais qu'il ne fasse pas comme » pour l'autre. »

VICTOR, *avec effusion*. Ah! madame!

GULVIC, *enthousiasmé*. Vive l'empereur!

VICTOR. Ah!... comment reconnaître...

JOSÉPHINE. En ralliant tous les esprits... car, songez, Victor, s'il sortait encore de là des complots, combien je m'accuserais!..

MARIE. Des complots! quand on saura que vous avez sauvé mon père... quand j'irai avec lui le publier dans nos villes et dans nos hameaux.... il n'y aura plus qu'une voix pour vous bénir, pour répéter que jamais couronne ne fut mieux portée que la vôtre... Allez, madame, celle qu'on gagne par la clémence... elle est dans les cœurs... on ne la perd jamais.

UN OFFICIER, *entrant, à Joséphine*. L'empereur demande sa majesté.

(On voit paraître dans le fond des dames, des officiers, des ambassadeurs.)

FAVEROLLES, *à part*. Sa majesté... style de l'ancien régime. Me voilà dans ma sphère... nous nagerons en pleine cour.

JOSÉPHINE, *à Marie*. Adieu, adieu, mon enfant... vous ne m'oublierez pas?

MARIE. Ah! madame... soir et matin, votre nom sera dans mes prières.

JOSÉPHINE, *avec un accent mélancolique*. Oh! oui... je commence une nouvelle destinée... je vais être impératrice... priez pour moi.

(Elle fait un effort pour échapper à sa préoccupation, et se dirige vers la porte du fond; la cour se range autour d'elle, elle se retourne et jette un dernier regard sur Marie.)

Tableau.— La toile tombe.

FIN.

IMPRIMERIE DE Ve DONDEY-DUPRÉ, RUE SAINT-LOUIS, No 46, AU MARAIS.

www.ingramcontent.com/pod-product-compliance
Ingram Content Group UK Ltd.
Pitfield, Milton Keynes, MK11 3LW, UK
UKHW021047260726
13994UKWH00005B/2388